JN293391

1989年全日本マスターズ　和歌山大会　3000m競歩　優勝

2007年世界マスターズ選手権（イタリア、リッチョーネ）20キロ競歩10キロ地点

2002年世界マスターズ　ロード選手権（イタリア、リッチョーネ）

2002年世界マスターズ　ロード選手権（イタリア、リッチョーネ）10キロ競歩

2002年世界マスターズ　ロード選手権（イタリア、リッチョーネ）10キロ競歩

2003年世界マスターズ
選手権(プエルトリコ)
20キロ競歩の出発前

2004年世界マスターズ
ロード選手権　メキシ
コオリンピックマラソン
銅メダルのマイク・ライ
アンと

2004年世界マスター
ズ　ロード選手権　オ
ークランド(ニュージー
ランド)で

人も歩けば若くなる

辻谷 真一郎 著

はじめに

この本ではちょっぴり欲張りなことを考えています。

まずは歩くことから書き起こし、力を使わずに速く歩くことができる手品のような技をお教えしたいと思います。

もしそれが本当だとしたら、それだけでも大変なことです。今までと同じ道を、今までと同じように歩いているはずなのに、自分の体がどんどん前に進んでいきます。別に電車に乗り遅れまいと必死の思いで歩いているわけではありません。前を歩いている人は、いったい何のためにあんなにがむしゃらに歩いているんだろう。どう見ても、自分の方がゆったりとした動きをしているのに、いとも簡単に追いついてあっという間に追い越してしまうのです。

速く歩けるようになったからといって、それがいったいどうなんだ。そう思われる方がほとんどではないでしょうか。まことにその通りです。正しい疑問です。世の中の本はそういう疑問にはけっして答えてくれません。こうすれば速く歩けるようになります。こうすれば健康になります。でも、だからどうなんだと言われたら、本当にそれまでなんです。

速く歩けるようになったって、それで世界が変わるわけはない。そうお思いでしょう。だけど、それはちがうのです。

ぜいぜい息せき切らして速く歩けるようになっても、それはそれで当たり前。わざとことばの使い方をはずせば、まさに自業自得です。でも、そうではないことがわかっていただけるはずです。ついさっきも、前を歩いている人をあんなに簡単に追い抜いていったではありませんか。しかも、ほかの人とはこんなに速さがちがうのに、呼吸ひとつ乱れていないことに気がつきます。これはいったいどういうことでしょう。いったい何が起こったのでしょう。

もしかしたら私、今までとは全然ちがう世界にいるんじゃないかしら。きっとそう思うようになります。

考えてみてください。月では地球の引力の六分の一になるので、単純計算でも六倍の高さまで飛べることになります。地上では走り高跳びで一メートル二〇しか跳べなかった人が月では何と、七メートル二〇も跳べることになるのです。棒高跳びの選手だってかないません。

そういうことがこの地上でできたら、どんなに愉快なことか想像してみてください。

もちろん、いくら何でも六倍まではムリです。でも、二倍ならけっして夢ではありません。だれだって、百メートルを二十秒でなら走れるでしょう。二倍の速度で走ることができれば、ボルトだって負かすことができます。二倍というのは、それくらいすごい数字です。

競歩といって歩く速さを競う競技があります。ものすごい速さです。ふつうの人が走ってもついていけないほどの速さです。でも、それが見方を変えれば手品のようなものであることがわかったとしたら、どうでしょう。しかも、自分もその手品ができるようになったとしたら、それだけでも愉快なことにちがいありません。誤解のないように書いておきますが、選手たちがごまかしをしているというのではありません。手品師が鮮やかなトランプさばきをするように、ものの見事に「足さばき」をしているのです。

この手品のような技を身につけることができれば、同じ身体なのに自分の身体が今までとはちがうものに感じられるようになります。ちょうど、ほかの人がみな強烈な向かい風を受けて上り坂を歩いているのに、自分だけには下り坂で、しかも追い風が吹いているような状況を想像してみてください。

もし本当にそうなったとしたら、それでも世界観が変わらないでしょうか。きっと何かが変わるはずです。

そのとき、これまで考えもしなかったような世界が広がるにちがいありません。

この本はそんな世界への招待状でもあります。

1 歩くってどういうこと

——速く歩く選手たちのトリック——

歩くことについて書いた本ではふつう、競歩という競技はまったく別扱いになっています。特別な選手がする競技であって、一般の人に歩き方を教えるときに、競歩選手のフォームを出してくるような本はありません。

これはとてもおかしなことです。別にふつうの人が競歩選手になるわけはないのでという答えが返ってくるかもしれませんが、それならマラソンだってそうですし、水泳やスケートだってそうです。ほとんどの人は自分が一流になれるとは思っていなくても、一流選手にあこがれ、そのフォームから何かを学ぼうとします。

確かに、水泳やスケートのフォームは生まれながらにして身につくものではありませんが、それならマラソンはどうでしょう。だれでも人に教えてもらわなくても走るようになります。でも、本当にそれは生まれながらにしてもっているものなのでしょうか。サッカー部と野球部と陸上部とでは、明らかに走り方がちがいます。どれがいいというのではなく、どれもみなそれぞれのスポーツに適した走り方になっています。

マラソン選手のフォームは上下動が少なく、ムダな動きがありませんが、一般の人は前に進むのに必要以上に地面を蹴って上に飛び上がり、着地の時は必要以上にかがみこんで、地面と長く接しているのを利用して次に上に飛び上がる力に変えようとしています。腕を振っているというより、上半身をらせん状にゆすって、それを推進力にしようとしています。

その意味で、一般の人には一流選手から学ぶべきものがたくさんあります。

ところが、競歩だけは別なのです。まるで、歩くことについては何もかもわかっているとでも言わんばかりです。つまり、自分たちはみんなわかっていて、選手たちはただひたすら速いだけだというわけです。

水泳なら、人類の祖先が海を捨てたのが数億年前だとすれば、生まれながらにして泳ぎの技術が身についていないと考えるのは、当然のことでしょう。でも、それなら歩くことだって同じだと思いませんか。人類が直立歩行を始めてから、せいぜい数百万年しかたっていないのです。

だからこそ、こんなにも膝を痛める人、腰を痛める人がいるのです。

歩くことについて書いた本はそれこそ真っ二つに分かれています。一般の人が山歩きなどを楽しむための本や、健康のためにどう歩いたらいいか教えてくれる本、それと純然たる競歩の本です。

それでいいわけがありません。

私が手品と書いたもののなかに、一般の人が学ぶべき大切なことが隠されているはずなのです。
この本ではそういう意味で、まずは競歩という競技の本質から見ていこうと思います。

競歩はなぜ人気がなかったのか

走る速さを競う人がいます。泳ぐ速さを競う人がいます。ほかにも、自転車、自動車、オートバイ、アイススケート、ローラースケート、スキー、ヨット、ボート、カヌーなど、速さを競う手段には事欠きません。

それなのにと言うべきでしょうか、だからこそと言うべきでしょうか、日本には歩いて速さを競おうとする人がいかにも少ないのです。これってとてもおかしなことだと私は思います。だって、この地上ではなんたって歩く人の数がいちばん多いのですから、やり方さえまちがわなければ、歩く人を集めることなんかわけないはずです。どこかでだれかが、きっかけをつかみかねているのです。きっとそうにちがいありません。

アメリカのマラソンがそうでした。一九七〇年代、アメリカ人は迫力のないものには目を向けない。そう信じられていました。だから、一〇〇メートルやアメリカンフットボールは人気があるけれども、一万メートルやマラソンなどだれも見向きもしない。

私自身、すごく納得のいく説明だと思っていました。

人間というものは、いとも簡単に思いこみをつくってしまうものなんですね。アメリカでマラソンは流行らないという先入観は、フランク・ショーターがミュンヘンオリンピックで金メダルを取るや、あっさりと覆ってしまいました。

ほんのちょっとした、というとショーターに叱られそうですが、まさにちょっとしたきっかけだったんです。もちろん、肥満が問題になりだしたころでもありますし、健康志向の流れが追い風になったことも確かです。それにしても、これほどまでに変わってしまうなんて、いったいだれが予想できたでしょうか。

日本でもそうでした。

マラソンなんてだれも見向きもしないスポーツでした。私が高校生のころ、クラブ活動のない日に一人で練習していると、よく子どもたちから罵られました。

「走ってるだけで何が面白いねん。アホちゃうか」

当時はマラソンの中継をするのはＮＨＫだけでした。そのＮＨＫもさすがに視聴率が上がらないとみたのか、途中からしか中継しなくなったり、ラジオでしか放送しなかったりで、本当に隅っこに追いやられていました。

それが今はどうでしょう。マラソンがいちばん視聴率が取れるからと、放映権の奪い合いです。皮肉なことに、あの宗茂さんが世界歴代二位の記録を出して、まさに今日のマラソンブームのきっかけとなった別府毎日マラソンのレースは、ラジオでしか放送されていなかったのです。


スポーツの話題になると、ほとんどの人は人気のあるなしがそのスポーツの本質と分かちがたく結びついているような言い方をします。このスポーツにはゲーム性がない。迫力がない。だから人気がない、というような具合です。

でも、それが大きなまちがいであることを、マラソンの歴史が証明してくれました。アイススケートでもそうです。ここ数年、スケート教室に生徒が集まらず、スケートリンクが次々に閉鎖に追いこまれていました。それがどうでしょう。荒川静香がトリノで金メダルを取るや、どの教室にも申し込みが殺到し、順番待ちになっているそうです。

ですから、私は現在競技人口の少ないスポーツでも、本質的に人の興味を惹かないものなのではなくて、きっかけをつかみかねているだけなのだと思うのです。

そのなかでいちばん不思議に思うのは、歩く速さを競うレースだけがなぜ、これほどまでに取り残されているのだろうかということです。もちろん、ヨーロッパなどでは、日本なんかよりずっと盛んなので、けっして取り残されているという印象はないかもしれません。いちばんほしいのはきっかけなのです。ただ、そのために、いったい何が問題なのかちょっと考えてみることにしましょう。

速さを競うのに、物足りなくはないか

速さを競うのですから、それなりのスピードが出なければ、やっていてもつまらないでしょう。どうも歩くという動作は、速さを競うのには向いていないと思われているような気がしてなりません。

ここで、いろんなものの速さ比べをしてみましょう。

競馬の馬はほぼ時速六〇キロ、競馬の好きな人なら、一〇〇〇メートルをほぼ一分で行くことくらいわかっていますから、この数字は簡単に出せるでしょう。

スピードスケートでは四〇〇メートルを二五秒で行くと五八キロ、三〇秒なら四八キロに

なります。

こういうものに比べると、人間が素手ならぬ素足で競う競技になるとかなりスピードが遅くなります。男子一〇〇メートルだと時速三七キロ、一万メートルになると二三キロ、マラソンでは二〇キロになります。これなど、一〇〇メートルがほぼ一〇秒、一万メートル二六分、マラソン二時間五分という頭があるので、計算すればすぐに数字が出てきます。

ところが、競歩というとあまりなじみがないうえに、人間の歩く速さは時速四キロなんて教えられているものですから、走る速さに比べると、桁違いに遅いように思われてしまいます。数字だけで言うと、歩く速さなんてボルトのほぼ十分の一にしかすぎません。

でも、本当にそうなんでしょうか。男子一万メートルでは、エチオピアからゲブレシラシエやベケレなどという強い選手が出てきて、ついに二六分そこそこの記録にまで行き着きました。実にすごい記録です。でも、そんなものちっともすごくないと思えるときがあります。私もつい数年前までは五〇〇〇メートルを二六分台で歩くことができました。つまり、世界の一流選手の走るスピードなんて、私の歩く速さのせいぜい二倍でしかないわけです。何も競歩の一流選手を出してくるまでもないことです。

こういうことは、案外だれも気がついていないんじゃないでしょうか。印象だけだと、三倍も四倍もスピードが出ているような感じがしますが、実際にはそれほどの差はないのです。

やっとここまで詰めてきました。それでもまだ、走る速さと歩く速さとの間には大きな開きがあるように思っている人がいるようです。

ここでちょっと水泳に目を転じてみましょう。水泳では自由形、バタフライ、背泳、平泳ぎと四通りの泳法があって、自由形の方が平泳ぎよりも速いわけですが、平泳ぎのレースを見ていて「(自由形に比べて)遅いなあ」とイライラする人はいません。平泳ぎを見ているときは、ひたすらレースを見ていて、記憶に焼きついている自由形のレースと比べる人はいません。

ただ、やはりスピードはちがいます。では、どれくらいちがうでしょうか。あの北島康介が一〇〇メートルを一分で泳ぐと、ちょうど時速六キロです。自由形で同じ一〇〇メートルを四八秒で泳いだとすると、時速七、五キロになります。ちょうど一、二五倍です。この数字はスピードのちがいがそれほど気にならない

[スピードの比較]

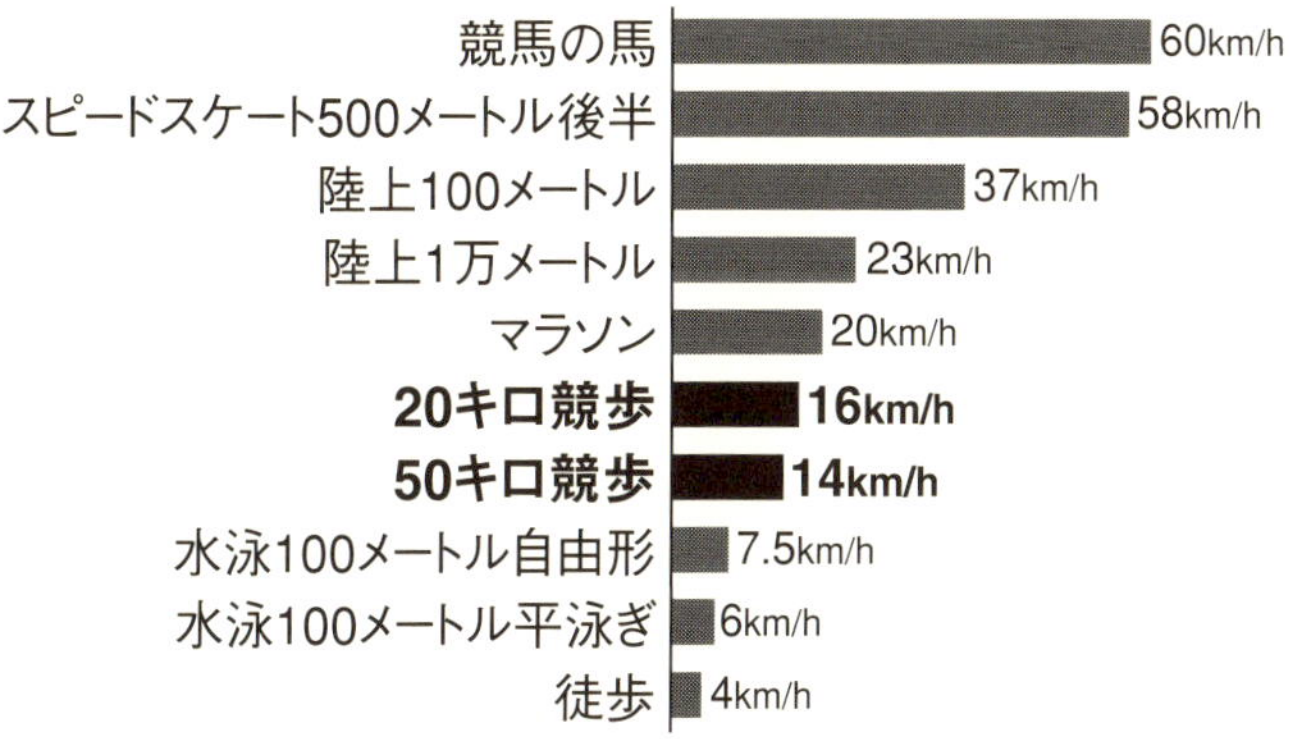

数字であると言えます。

では、歩くのと走るのとではどれくらいの差があるでしょうか。二倍より小さいことは確かです。それじゃあ、一、五倍くらいでしょうか。確かにそうですね。競歩を始めたばかりの選手だと、まだ技術が未熟なので、それくらいはかかります。そこからさらに技術を身につけていくと、一、三三倍くらいにまでもっていくことができます。

どうです。水泳では一、二五倍という数字はスピードの差が意識にのぼらないほどの数字でした。一、三三倍なら、一、二五倍に比べてほとんど遜色ない数字だと言えるのではないでしょうか。

これだけの差であれば、走る人ばかりの大会でも、いくらでもあります。マラソン大会で先頭が二時間一〇分でゴールしたとすれば二時間五三分がその一、三三倍に当たります。

どうでしょう。水泳にはオリンピック種目にあるものだけで泳法が四通りもあるのに、陸上にはひとつしかないのはつまらないではありませんか。ハードルはともかく、走るのと歩くのと、せめてふたつあった方が面白いんじゃないでしょうか。

世界がちがいすぎる

さっきは、歩くといっても、走るのとそんなに変わらないほど速いんだということを書きました。

ところが、そうなると今度は逆に、その速さゆえに競歩を敬遠する人が出てきそうです。速さがあまりにも自分たちとちがいすぎます。まるで、別の世界の出来事みたいです。選手たちは自分たちのとても手の届かないところにいます。

そんなことを言えば、フィギュアスケートや体操だってそうです。あんなすごい技、どう考えてもできっこありません。でも、私たちはそういうものには意外と「寛大」で、すごい技だから仕方がないと思うことができます。

ところが、ごく単純に見えるものはそうはいきません。たとえば、野球のボール、みなさんはどれくらいの速度で投げることができますか。私、一度そういう機会があったので投げてみたら、七五キロしか出ないんですね。鮮やかなプレーならできなくて当たり前だと思えるのに、ボールの速度になると、「ええっ、半分しか出ないの」と思ってしまうんです。それでずいぶん落ちこんでいると、ふつうの人はたいていそれくらいだと言われて、ようやく胸を撫で下ろした次第です。

陸上の一〇〇メートルなら、世界記録は一〇秒をわずかに切るくらいです。私も昔は一一秒台で走れましたし、同じ人間として、こんなにもちがうのかとは思わないわけです。いくら遅い人でも二〇秒とはかからないでしょう。だから、もちろん勝負にはならないけれども、どこか延長線上にあるんです。

マラソンだって、世界の一流は二時間台の一桁で走りますが、一〇〇メートルに換算するとほぼ一八秒です。一〇〇メートルだけなら、ほとんどの人が楽についていける速さです。四〇〇メートルでもどうにかなりそうです。こうして、一流選手と私たちとがかろうじてつながっているのです。

ところが、競歩はどうでしょう。五〇キロ競歩の一流選手は一〇〇メートル二六秒、時速一四キロ弱の速さで歩きます。二〇キロになると実に一〇〇メートル二三秒、時速一六キロです。これはもうお手上げです。ふつうの人は一瞬たりとも並んで歩くことができません。ですから、一流選手と自分たちとをつないでくれるものが何もないのです。もちろん、水泳だってそうです。一五〇〇メートルの選手とたとえ一〇〇メートルでも並んで泳げるなんてことは絶対にありません。ところが、水泳は泳ぐ技術の問題だからそれで当たり前だと思ってしまいます。

競歩だけはちがうんです。ただ歩くだけなのになぜこんなにもちがうのか。そう思ってしまいます。ただ歩くだけだと思っているから、それほど速く歩ける人がまったく別世界の人であるように思えてしまうんです。

それだけではありません。相手がスピードを落としてくれて、無謀にも四〇〇メートルだけついていったとします。ふつうの人が四〇〇メートルを二分で歩くのはまず不可能ですから、二分三〇秒くらいに落としてもらいましょう。それこそ、なりふりかまわずがむしゃらに歩けば、それくらいなら歩けるかもしれません。ところが、そんなことをしたが最後、脚はガクガク、あちこちの筋肉が引きつります。もしも、このまま歩き続けなければならないとしたら、それこそ拷問です。それなのに、相手は実に涼しい顔をして、呼吸ひとつ乱れていないではありませんか。しかも、今よりもずっと速いスピードで、一〇キロでも二〇キロでも歩き続けるというのです。これはもう化け物です。

そうなんです。

入口が見つからないんです。

もしかしたら、いったん入ってしまえば、どうってことはない世界なのかもしれません。でも、入口が見つからないことにはどうしようもありません。

入口って何でしょう。建物の入口なら簡単に作ることができます。でも、スポーツの入口は人が作ってやらなければなりません。

競歩はむずかしいという誤解

入口と言えば、よく「競歩はむずかしい」ということを耳にします。入口の前に立って、入るのをためらっているように思えます。

そうかと思うと、公園では肘を曲げてかかえこみ、腕を振りながら歩いている人がいます。けっして速くはありません。まるでロボットが歩いているようです。健康のためにゆっくり歩くだけなら、肘を曲げる必要なんかどこにもありません。それなのに、競歩の選手のすることを形だけまねているのでしょうか。あるところには、何も考えずに真似事を始めた人がいて、別のところには、深く考えすぎて最初の一歩を踏み出せない人がいます。

だからこそ、そういう人たちを指導できる人が必要なのですが、市の体育課に行っても、スポーツクラブに行っても、競歩のわかっている人にはなかなかお目にかかれません。

競歩には大きく見てふたつのルールがあります。ひとつはどちらかの足が必ず地面についていなければならないということです。歩く速さを競うのですから、当然のことです。このことを知らない人は少ないでしょうし、別に知らなくても、考えてみれば自然にわかることです。ところがもうひとつ、着地した瞬間からその脚が地面と垂直の位置に来るまで膝が伸びていなければならないというルールがあります。

この膝が伸びていなければならないというルールは実によくできたルールで、もしこのルールがなかったとしたら、競歩という競技は見た目にあまりにも醜悪で、おそらく見るに堪えないものになっていたことでしょう。われもわれもと、なりふりかまわず必死の形相で前に進む姿は、人間のあさましさを大写しにしたもののように見えるかもしれません。

ただ、このルールがあるために、競歩人口がなかなか増えないのもまた事実なのです。ごくおおざっぱに言うと、公園でロボットのような歩き方をしている人たちは、このルールを知らない人たちで、「むずかしい」と言ってためらっているのは、一応ルールを知っている人たちです。

では、なぜ「むずかしい」と感じるのでしょう。人によって理由はいろいろであると思いますが、まず、これまでそういう習慣がなかった人が膝を伸ばして歩くことはけっして易しいことではありません。鏡に写して見ないかぎり、果たして自分の膝が伸びているのかどうか自信がもてないのではないかと思います。自分では伸びていると思っている人でも、よく見ると垂直になる直前に曲がってしまっていることが多いものです。競技ではもちろん反則を取られます。

仮に膝を伸ばして歩くことができたとします。ところが、最初のうちは、何のためにそんなことをするのかまるで理解できません。心持ち膝を曲げながら歩いていたときには、どんどん脚が前に出ていたのに、膝を伸ばして歩くようにしたとたん、一歩一歩ブレーキがかかってしまいます。膝を伸ばすことによって、脚がつっかい棒のようになってしまうのです。まさに足枷をはめられたような感じになり、それでもかまわずがむしゃらに進もうとすると、これまで経験したことのない痛みが脚を襲います。

腕立て伏せを何回か繰り返すと、腕が言うことを聞かなくなりますね。しばらく休まないと、もうとても続けられないところまで来ます。そういうものに近い感覚が襲ってくるのです。腕立て伏せならしばらく休めますが、そのまま歩き続けなければならないのですから、休むところがありません。

走るよりもはるかに苦痛なのです。スピードは遅い。脚はガクガクになる。これでは、競歩をやろうとする人があまり出てこないのも、無理からぬことです。

きっとトリックがある

これまで、何度か書いてきました。体操やフィギュアスケート、それに水泳なんかでは一流の選手と自分とがまるで別世界にいると思えるのは当然です。でも、たかが歩くだけじゃないですか。

もう一度、おさらいしてみましょう。あの一〇〇メートルだって、そりゃあ、ボルトをはじめ、ものすごく速いのがうようよいます。でも、私たちのなかにも、若いころに一二秒、一三秒で走れた人はたくさんいますし、今でも一六秒とか一七秒だったら走れそうです。二〇秒もあれば、ほとんどの人が走りきれそうです。

それなのに、いざ歩く競技になると、おそらく半分の速さで歩けたらいいところくらいになってしまいます。

私の知り合いで四〇歳を過ぎてかなり熱心に走っている人がいました。二キロを七分前後で走れる人でしたから、ふつうの中学生や高校生よりはずっといい記録です。その人がどんなにがんばって五キロを歩いてみても三八分はかかると、訴えるように言っておられたのが印象的でした。

その人とある日、街で偶然出会い、そのときたまたま目的地が同じだったので、かなりの距離をいっしょに歩きました。すると、その人は私にこんなことを言いました。

「私はもともと歩くのが速いので、いつも他人といっしょに歩くのはすごく気を使うんです。でも、今日ばかりは気を使わなくてもいいので、すごく気持ちが楽です」

そんなことを言う人でも、五キロを歩くのに三八分かかるわけです。

私がまだ競歩というものに手を染めていなかったころ、興味そのものはあったのですが、いざどれほどの速さで歩けるか試そうとしても、その機会が見つからなかったのです。もちろん、距離がわかるところで自分一人で時計をもって歩いてもいいのですが、あまりにも苦痛で、とてもそんな気にはなりません。

そうなんです。それこそ全力に近い速さで歩こうとすると、少し行っただけで脚が言うことを聞かなくなってしまうんです。それがまた、みなさんが歩いて速さを競おうなんて思わない最大の理由ではないかと思います。

本格的な競歩の大会に出るなんて、まるで考えていませんでした。いわゆる市民マラソンの大会で五キロを走る人に交じってなら、ひょっとしたら歩けるかもしれないと思いました。でも、いちばん最後の人がゴールしたあとで、自分一人だけ歩いていたら、世話をしてくれる人にも迷惑をかけてしまいます。

せめて五キロを三〇分で歩けるようにならないと、市民マラソンの大会にも出ることができません。そこで、まず一キロだけを全力で歩いてはみるのですが、どうやっても六分はかかってしまいます。しかも、もう苦痛で苦痛で、それ以上同じ動作を続ける気にはなれません。走るのもそれなりに苦しいことは苦しいのですが、それはあくまで呼吸の苦しさで、一キロを走るくらいでは脚が言うことを聞かなくなるようなことはありませんでした。三〇歳を少し越えたころでした。一キロなんて走れば三分は切れるのに、歩くとその二倍以上かかってしまうんです。しかも、地獄の責め苦です。

そのとき、競歩をやっていた弟が五キロを二四分台で歩くというのを聞いたとき、私は何と言えばよいか、頭ではなくて、体で考えて、自分の感覚を総動員して想像してみても、いったいどうやったらそんなことができるのか、その現実をどうやって受け入れたらいいか、わかりませんでした。

同じ血を分けた弟であることもショックですし、確かに走るのは弟の方が速かったのは事実です。でも、私が一キロを必死で歩いて、脚がガクガクになるまで、もがきにもがいても六分を切れないのに、それよりはるかに速いキロ五分を切る速さで、その五倍の距離を歩く。あまりにもちがいすぎます。

これがスピードスケートや、水泳なら、別に私も何とも思わなかったかもしれません。でも、やはり単に歩くだけなのに、どうしてこんなにもちがうんだろう。

そんなことがありえるはずがない。きっと、何かトリックがあるにちがいない。

そう思うことは大切だと思うんです。そう思えたからこそ、道が開けてきたのです。

トリックをお教えする前に――エネルギー効率の問題

未だに速く歩けるようになることがいったい何なんだと思っている人がいると思います。

もちろん、そうです。何度も言っているように、速く歩けたからって別にそれでお金が儲かるわけではありません。

それでは、こんなお話はどうでしょうか。

私ももう若くはありません。もちろん若いときでも大した選手ではありませんでしたから、あえてもう若くないというのも何ですが、むかしのようには速く歩けません。それでも、まだまだ練習では時速九キロくらいでは歩いています。ふつうの人なら、絶対歩いてついてこれない速さです。

それだけなら、「どうせお前は速いよ」と言われてしまえば、おしまいです。でも、それがただの時速九キロではありません。そのまま一〇キロでも二〇キロでも歩ける速さです。呼吸はまったく乱れませんし、冬の寒い時なら汗ひとつかきません。ところがどうでしょう。もし同じ速さで走ったとしたら、呼吸も荒くなりますし、当然汗もかきます。

歩いても汗をかかないけれども、走れば汗をかく。それなら、別にどうということはありません。当たり前のことです。でも、同じ速さでのことであるとすればどうでしょう。

そんなことがありうるでしょうか。もちろん、ありうるからこそ、私がこの手品のような技をお勧めしているのです。こうして本にまで書こうとしているのもそのためです。

私は未だにどうして走る方が歩くより速いのか疑問に思うことがあります。だってそうじゃないですか。だれが見たって、走る方がいったん上に飛び上がってはまた降りてきて、多少体をかがめては地面を蹴って、同じ距離だけ進むときに明らかに「遠回り」をしているではありませんか。足が移動する距離を考えてみればすぐにわかることです。それに比べて歩くという動作にはムダがありません。前へ進むのですから、ひたすら前に向かって進みます。上に飛び上がるなんて道草はしないわけです。

その考えをつきつめていったところに、手品のタネを解くカギがありそうです。

私の場合、少なくとも時速九キロまでは歩く方が明らかに効率がいいのです。走ろうとすると、それほど上に飛び上がらないでおこうと思っても、どうしても手や足を前進するのに直接つながらないような動きに使ってしまうのです。

みなさん、一度思い切り速く歩こうとしてみてください。どうしますか。おそらく意識は足に集中し、できるだけ地面を強く踏みしめてぐいぐい歩いていこうとするはずです。確かに、それが思いつくかぎり、いちばん確実な方法であるように思えます。

でも、本当にそうでしょうか。自動車や電車を想像してみてください。前へ進むということはどういうことでしょうか。車体そのものが前に進まなければなりません。

もちろん、自動車や電車は車体のすぐ下に車輪がついていて、その車輪の動きがそのまま車

［図1］

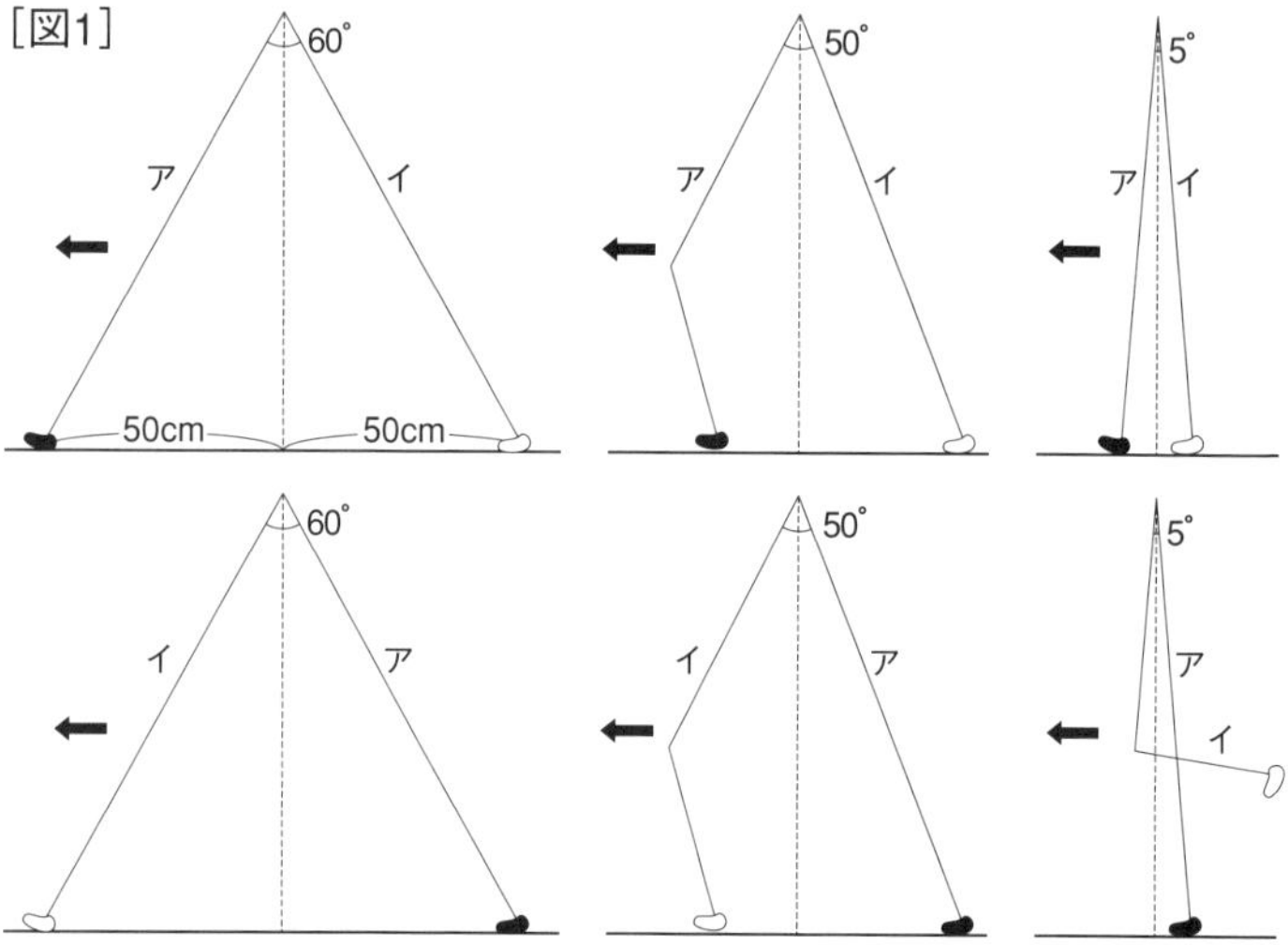

体の動きになります。

ところが、人間の体はあいにく、そのようにはなっていません。仮にできるかぎり大股で一歩だけ踏み出してみましょう。踏み出した足の指先だけは前に進んだかもしれませんが、体は後ろに残ったままです。

そうすると、いったん前に出た足のところまで体が追いつかなければなりません。その間、いちばん前にある足の指先は止まってしまっていることになり、そこだけを基準にすれば何ら前に進んでいないことになります。

ぐいぐい蹴り出して進もうとすると、蹴り出すために膝を曲げた瞬間には体全体が地面の方向に沈み込むだけのことで、ここでも前方への動きが止まっていることになります。

自動車や電車のように前に進めるのが理想ですが、生身の体ですからなかなかそうはいきません。でも、自動車や電車の車体に当たるものを常に一定の速さで前に進めていくような方法を考えることはできるはずです。

ここで、ちょっと人間の体を離れて、コンパスのようなものを考えてみましょう（図一）。要の部分が腰に相当すると考えてください。それぞれの脚をア、イとします。まずイの先端を地面に固定して、アを前方に移動させ、両者の成す角度が六〇度に開いた時点で、今度はアの先端を地面に固定して、後ろの方にあるイを前方に移動させます。そうなると、どちらも最も大きく傾いた時に地面と成す角度も六〇度になります。

この動きを繰り返すのが、このコンパスで前に進むいちばん理想的な方法であると言えます。蝶番の部分、要に当たるのが人間の腰で、車なら車体に相当する部分です。この車体に相当する部分をいかに効率よく前に進めていくかが問題なのです。

必ずしも腰の位置と重心とがぴたりと一致するわけではありませんが、ほぼ腰の辺りに重心があると思って、ひたすらこの重心だけを前に移動させていくことを考えてみましょう。

それができるかできないかで、実に大きな差が生まれます。これからそれをお目にかけましょう。

まず、歩幅をいちばん大きくとった状態から考えてみましょう。図二が選手で、図三がふつうの人です。どちらも足先から腰までの長さが一メートルとしましょう。選手の場合、アを前に出せば、図二のように全身が三〇度傾いてイが残り、図一で見た正三角形ができあがります。三〇度も体を傾けたまま立っていることはとてもできませんが、連続した動きのなかでなら、それほどむずかしいことではありません。

［図2］

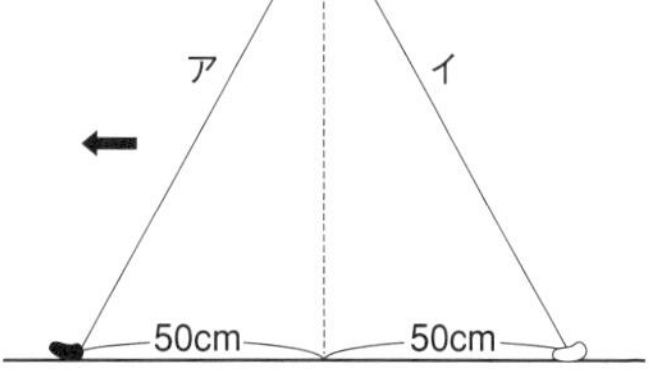

［図3］

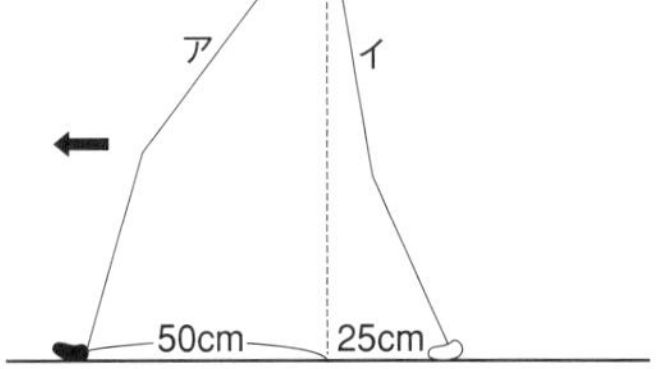

ところが、ふつうの人はふだんからそんなふうに歩いていないものですから、体を傾けようとしても、ついつい腰が後ろに残ってしまいます。図二ではイの足先と腰との水平距離が五〇センチになりますが、その半分、二五センチくらいのところまで行ければ上出来でしょう（図三）。ただ、その位置からでも前方の脚アで、選手と同じくらい歩幅をかせぐことはできます。そうなると、選手の歩幅は一メートル、ふつうの人の歩幅は七五センチ、選手の歩幅がふつうの人より三分の一長くなります。

選手が体を傾け正三角形をつくるまでの時間と、その時点から前に出した脚イが垂直になる（図四）までの時間はほぼ同じです。

ところが、ふつうの人はアを踏み出した時に歩幅を見分不相応に大きくとっているものですから、選手と同じようにはいきません。実はこのように速く歩こうとしたから、身分不相応に大きな歩幅をとることになるのではなく、ほとんどの人はふだんからムリな歩幅をとっているのです。ですから、一歩一歩地面を踏みしめるようにして体を起していったん体勢を立て直してからでないと、次の一歩を踏み出すこ

［図4］

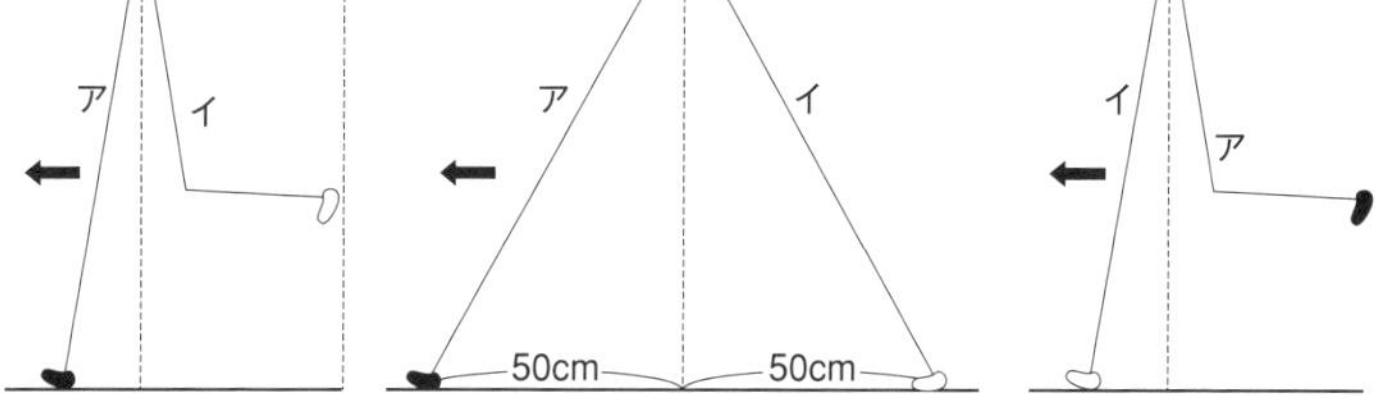

とができません。その間も体のどこかがせわしく動いているので、印象としてはけっこう速く動いているように見えますが、実はその間は前に進んでおらず、むしろいったんブレーキをかけたような状態になっているのです。

もうひとつ大切なことは、ふつうの人は歩くときに、どうしても膝を意識します。そうすると、膝は前に進むのですが、膝から上の太腿や上半身はどうしても遅れてしまうのです。ですからアの足先から膝までの部分だけを見ると（図五）、地面と垂直の位置に来るまでの時間は選手とそれほど変わらないのですが、膝が曲がっていて、膝から上が遅れてしまっているので、肝心の重心に相当する腰が図三の位置からアの足先の真上に来るまでには、選手の二倍の時間がかかってしまいます。

すると、どういうことになるでしょうか。腰の位置で見ると、選手が一歩進む時間の一、五倍、二分の三倍の時間がかかることになります。

選手の歩幅はふつうの人より三分の一くらい広いものです。一歩に要する時間は三分の二倍。これだけで二倍のスピードで歩けることに

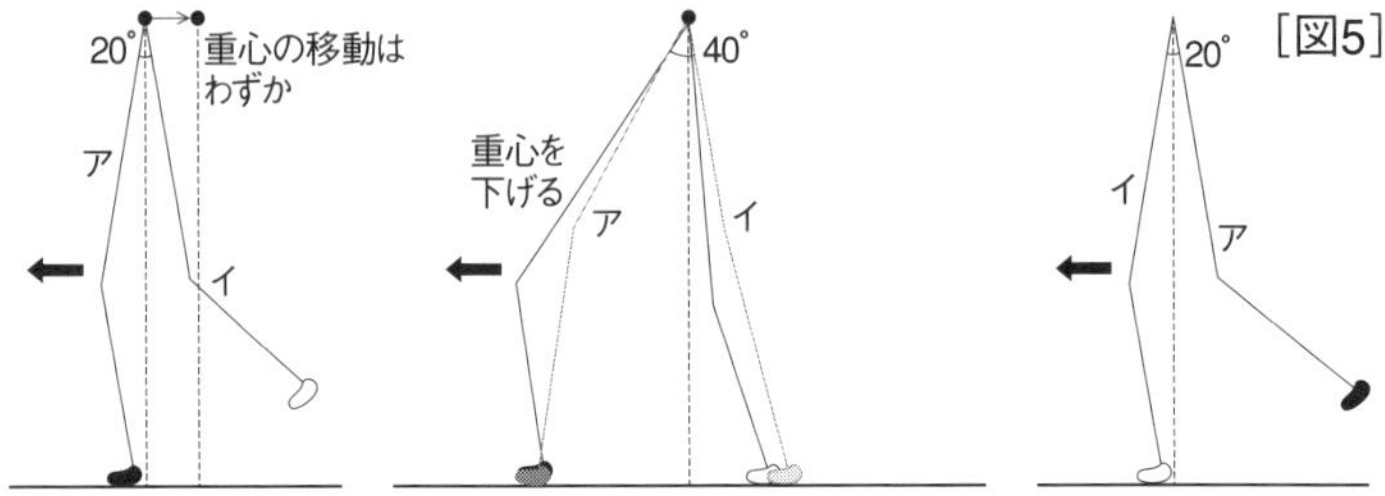

[図5]

なります。

ふつうの人がかなりがんばっても一時間に歩ける距離はせいぜい七キロです。それを選手たちが、その二倍の一四キロを歩いてしまうのには、実はこういうカラクリがあるのです。なかでも、ふつうの人はいったん着地してから、肝心の腰の位置を真上にもってくるまで、見た目にはせかせか動いているように見えて、まったくムダなことをしているわけです。選手の動きはとても二倍のスピードが出ているようには見えないほどゆったりとしています。

二個のボールのイメージ

これが手品のはじまりでした。人間というものがいかに先入観に囚われているかがわかったのもこの時です。

自動車や電車のように、ひたすら車体が前に進むことを考えるのです。人間の体でこの車体に当たるのが腰です。その辺りに重心があるわけですが、その腰を前に進めていかなければなりません。

腰は左右ふたつに分かれています。なかなか動きのうえでふたつと捉えるのはむずかしいのですが、そこにふたつのボールがあると考えてみましょう。ソフトボールくらいでしょうか。バレーボールよりは小さいでしょう。いずれにしても二個のボールがあります。それぞれのボールから一本ずつ棒がぶら下がっています。これが脚に相当します。ここでひとつの制約を課します。二本の棒はただぶら下がっているだけで、むやみに地面を蹴ったりすることができません。この二本の棒にできることはただひとつ、地面に着いたときに体を支えることだけです。

そうすると、前に進むには二個のボールを交互に前に動かすしかありません。

よく競歩は腰で歩けと言われますが、言い方を変えるとそういうことになります。

どのスポーツでも、いやスポーツにかぎらずどんなことでも、こういうイメージをもつことはとても大切なことだと思います。もちろん、イメージをもったからといって、すぐさまできるようになるわけではありません。すぐにできなくてもいいのです。自分の体のどの部分に意識を集中するかということを、ゆっくり時間をかけて体で覚えていけばいいのです。

その前に、このボールのイメージよりはわかりやすく、したがって身につきやすいものをまず自分のものにしてしまいましょう。それが腕振りです。

腕を振るのではなく、肘を振る

スポーツの祭典というものは、やはりそれなりに大きな影響力があるもので、一九九一年に東京で世界選手権が開かれ、世界で初めて五〇キロ競歩を全コーステレビ中継してからというもの、競歩に対する人々の認識も少しは変わりました。それまでは、競歩の練習をしていると、子どもがお父さんに「あの人、変な走り方している」と言うのが聞こえてくることもしばしばでした。それが、東京のあとは、「お、競歩や、競歩や」という声に変わりました。テレビの力というものは大きなもので、大阪の世界選手権のあと、中学生から「山崎、がんばれ」と声をかけられたこともあったほどです。山崎が競歩選手の代名詞になるのですから、すごいものです。

それと同時に、公園にはずいぶんとロボットが増えました。

本人はたぶん、すごく真剣なのでしょうが、腕を抱えて前方に高く振り出し、一歩歩くごとに瞬間動作が止まってしまう歩きは、まさにロボットそのものです。

生まれてからずっとやってきた歩き方のまま、速く歩こうとするだけなら、けっしてこうはならないはずです。腕なんか曲げずに、大きく前後に振って歩けば、はるかに爽快に、はるかに快活に見えるはずです。

それが何をまちがったのか、なまじっか何かを真似ようとするものですから、それも肝心なところを見ないで、雰囲気だけ気分だけ真似ようとするものですから、本物とは程遠いものになってしまいます。

スポーツクラブのランニングマシンで歩いている人も、ほとんどが似たりよったりの歩き方をしています。

腕を振っているというよりは、肘を曲げて上方に突き出すような具合です。肝心の膝を伸ばすどころか、一歩踏み出すたびに深くかがみ込むような姿勢をとり、地面を踏みしめる動作がまさにブレーキになっています。

どうしてこんなことになるのか、スポーツクラブのスタッフに聞いてみたところ、エアロビクスの影響ではないかという答えが返ってきました。

確かに、エアロビクスにはその場で歩く動作をするようなものがあります。なるほど、諸悪の根源はエアロビクスだったのか。それが本当ならけしからん。そこで、エアロビクスの教室を見学することにしました。

すると、どうでしょう。私は教室の光景に唖然としてしまいました。

インストラクターは、きっちりと肘を後ろに振っています。けっして前方に高く振り上げているわけではありません。それなのに、生徒たちはほとんどが、インストラクターとはまったくちがう動きをしているではありませんか。

なるほど、そういうことなのです。生徒たちはみな、真剣に真似ようとしていても、本質的にまったくちがうところを見ているのです。気分だけ真似をしているということなのでしょう。インストラクターも、言ってもムダだと思って黙っているのでしょうか。それともちょっとやそっと言ったくらいでは直らないのでしょうか。

でも、腕振りは基本中の基本、これはちょっとこのまま放っておくわけにはいきません。先ほど、二個のボールのイメージをお話しました。今まで自分の体について無意識のうちにしみこんでしまった感覚を拭い去るのは、けっして易しいことではありません。それを先入観と呼ぶか、思いこみと呼ぶかはともかく、そういうものから自由にならないことには、手品はうまくいきません。

でも、それよりも先に片づけておかなければならないのが、この腕を振るという感覚です。われわれ人類が直立歩行を開始してからまだ数百万年しかたっていないことを考えると、これは生まれながらにして身についている感覚とは言いがたいのではないでしょうか。そうなると、ある程度は理屈で教えてやる必要がありそうです。

なぜ腕を振るのか。そう訊かれて正しく答えられる人はそう多くはいないと思います。腕を抱え込んでしまって、左右の腕を交互に上下させるような動きをしてしまうわけです。これはまったく気分のものでしかありません。

そこで、ちょっとまっすぐに立ってみてください。両腕をだらりと下げます。そのまま肘を曲げ、右腕だけを思い切り後ろに引いてみましょう。そのとき、下半身のどこかが動くはずです。さて、どの部分が動いたでしょうか。変なところに力が入っている人はよくわからなかったかもしれません。それでは、今度は左腕の肘を背中よりずっと後ろまで行くように引いてみましょう。すぐにわからなければ、左右交互に何度か繰り返してみてください。

もうおわかりになったと思います。右腕を後ろに引いたときには右脚が前方に動き、左腕を引いたときには左脚が前方に動いたはずです。それでは次に、腕をハンドルの位置に構えて左右交互に上下させてみてください。下半身には何の影響も現れないことが確認できましたでしょうか。

ここでもう一度、ボールのイメージを

この腕振りがきちんとできるだけでも、だいぶちがいます。ただ、問題は脚がガクガクに

なることです。多少は速く歩けるようになっても、この問題が解決しなければ、とても競歩なんかやってられません。

そこで、脚がガクガクになる理由を考えてみましょう。走る動作をしている時にはよほどの距離を行かないかぎり、そんなふうにはなりません。

実は、ごく最近になって気づいたことがあります。ほとんどいつも競歩の動作をしていて、たまに走ると、走るってある意味ですごく楽なことだなあと思うのです。だって、走る時には、空中に浮いている間、休むことができるではありませんか。力を使うのは脚で地面を蹴る時だけ。あとは何もしなくていいわけです。もちろん、本当はできるだけ効率よく前に進むためにそれなりに力を使っているのでしょうが、「休むことができる」と感じるには、それなりの根拠があります。どこかでうまく脱力することができる時間があるということです。

ルール通りに歩こうとすると、初めは着地した脚がつっかえ棒のようになります。それならそれで、これ幸いといったん力を抜いて、スピードを緩めれば、とりあえず脱力することができ、脚がガクガクになるなんてことはないでしょう。でも、それでは競争になりません。少しでも速く歩かなければなりません。つまり、走る動作をしている時は、どんなにがんばって力を入れても、空中に浮いている間、それなりに脱力することができたのに、歩こうとするとそれができません。

ボールのイメージというのは、その問題を解決するためのものでもあるのです。腰の左右の部分がそれぞれ大きなボールで、その下に一本ずつ棒がぶら下がっていると書きました。動かすのはボールの部分だけで、棒はただついてくるだけです。これがすなわち、脱力ということです。

等間隔に線を引いて

さて、そのイメージを現実のものとする方法を考えていきましょう。もし、このボールの位置が低かったらどうなるでしょうか。棒がまっすぐ伸びた時に、地面に押し付けられて、動きが不自由になるはずです。棒の先が少しばかり地面に触れていても、ギュッと押し付けられているのでなければ、棒が「脱力」できる余地が残っていることになります。

まず、ふつうに地面に立って、先ほどの腕振りの動作をしてみましょう。今度は両足ともつま先で立って、できるかぎり腰を浮かしながら、腕振りをしてみましょう。このまま歩き出したとしても、これまでより多少なりとも脚が自由になるように感じられるはずです。

今度は、背伸びをして爪先で立った位置から歩き出し、前に出した足は踵から着地するようにしてみましょう。

爪先で立って爪先で着地なら（もちろん、そんなことをすれば、膝は曲がりますが）理屈は簡単です。爪先から始めて踵で着地して、それで脱力するなんて、一見矛盾しているように感じるかもしれません。

さて、この動作に慣れたら、今度は多少大きめに歩幅を取ってみましょう。その時の自分の歩幅がわかれば、その距離分、等間隔に線を引いていきましょう。一歩目は大きな歩幅を取れても、脚だけが前に出ていて腰が遅れていると、二歩目からはもう、一歩目と同じ歩幅では行くことができません。最初の歩幅では苦しいようなら、少し歩幅を狭めます。そして、三歩目、四歩目も維持できるような歩幅を設定します。やがて、それでどこまでもいけるようになれば、歩幅を広げていきます。

雲の上を歩くイメージ——四拍子から二拍子へ

大きな歩幅を維持するには、ある程度のスピードも必要です。自転車だって、動いているからこそ、バランスがとれるのです。

私が競歩を始めたころ、「そんな歩き方で、雲の上を歩いたら落ちるぞ」と言われたことがあります。よく冗談で、水の上を歩くには、片方の足が沈まないうちに、もう一方の足を前に出せばいいと言いますが、まさにその発想です。踏みしめるのではなく、着地したと思ったら、その瞬間に地面から離すのです。

ふだんは「右着地、右踏みしめ、左着地、左踏みしめ」の四拍子で歩いています。この四拍子を二拍子に変えるのです。着地したら、次にその足で地面を蹴るというのではなく、着地した瞬間に、地面を蹴る（押す）動作が始まります。着地がすなわち蹴り出しなのです。これはなかなかわかりにくい感覚で一朝一夕に身に着くものではありません。

いかに強い選手でも、競歩を始めたとたんに一線級に踊り出た選手を私は見たことがありません。競歩の動きを身につけるまで時間がかかります。その動きが完全に身に着いてしまうまでは、本領を発揮することができません。その代わり、ひとたびこの動きを身に着けた選手は見違えるように強くなります。

それこそ一冬越すだけで、五〇〇〇メートルで二分や三分速くなることもまれではありません。走る競技ではまったく考えられないようなことが起こります。

私自身が急に力をつけたときも、それまで歯が立たなかった実業団の選手を負かして驚かれたことがありますが、逆もまた真なりで、トラックで二周も抜いていた選手に次の年の春、あっさりと負かされるというようなこともありました。

大切なことは、けっしてスピードを追い求めないことです。最初のうちはひたすら型を追及することです。いい歩きを求めることです。スピードはあとからついてきます。

技術的に細かいことは、しかるべき指導者に出会わないとなかなかむずかしいかもしれませんが、大きなビルの横を通るときなど、自分のフォームを鏡に写してみる方法はいろいろあるはずです。

五〇キロ競歩で四時間一三分の記録を出した陶山選手はいきなり競歩を始めず、最初はひたすら一流選手のビデオを取り、まずは観察することから出発しました。私がバドミントンを習ったコーチも、一流選手のビデオを目が悪くなるくらい何度も繰り返し見たそうです。

いいものをひたすら見る。そして、自分の意志通りに体が動くようになるまでひたすら練習する。それしかありません。その果てに待っているものは、たいして力も使っていないのに、氷の上をスイスイ滑っていくような爽快感です。

あきらめずに続けていれば、その日は必ずやってくるはずです。

2
マラソン好きには忘れられない土地で

芝生の上で軽く体をほぐしていると、日本選手団といっしょにいた妻が突然、私を呼びにきた。ニュージーランドの選手が話しかけてきたらしいのだが、日本選手はだれも英語がわからず、妻も競技のことはよくわからないので、私に来てほしいというのだ。二〇〇四年、オークランドで開かれた世界マスターズロード選手権でのことである。

私が妻から聞いたのは、何やら日本にも来たことがあって、あるマラソンの大会で君原健二の次に入ったということだった。

当時のニュージーランド選手と言えば、ジュリアン、マギー、ライアンなど懐かしい名前が浮かぶ。いったいだれだろう。マギーの成績はよく覚えていない。ジュリアンは日本のマラソンで君原に勝って優勝している。そのとき、次に入ったのはベルギーのバンデッドリッシュだし、ライアンが広島日出国と最後まで競り合ったレースは記憶に残っているが、君原との接点が見つからない。

私は「ちょっと待って、名前を当ててみせるから」と言って時間を稼ごうとしたが、それだけではとても時間が足りない。秒読みに追われる棋士のように「待って、待って、当ててみせるから」と、もがいてはみるが、もはやこれまでだった。とうとう本人の口から、自分の名を言わせてしまった。

「ライアンです。マイク・ライアン」

日本にも来たことがあるということで、日本でのマラソンに思いをめぐらせていたが、メキシコオリンピックで君原健二の次に入り、銅メダルを獲得した選手こそ、今目の前にいるライアン選手なのだった。

当時、私は高校一年だった。オリンピックマラソンの放送はちょうど登校前の時間帯に当たっていて、クラスのなかでは家から学校まで五分しかかからなかった私だけが、君原とライアンのゴールを見届けて登校することができた。

当時、私が陸上競技、それも中長距離を始めるきっかけをつくってくれた選手の一人、そのライアンがこうして声をかけてくれたのに、その名を当てることができなかったのは、本人にも申し訳なく、私自身も悔しくて仕方がなかった。

だが、私にはその汚名を返上する切り札があった。

ライアン選手が広島日出国との死闘をわずか〇秒六の差で制したとき、私はまだ中学二年生だった。

「中学生のとき、ライアンさんが福岡で優勝するのをテレビで見ました。その時の記録は今も覚えています。二時間一四分〇四秒六」

これにはライアン選手も感激してくれた。

なにしろ、当時中学生だった外国人が三七年も前に出した自分の記録を覚えてくれていたのだ。

「すごい記憶力」

こうしてオリンピックの銅メダリストを驚かせた当の本人は、もちろん、それにも勝る感慨にひたっていた。

もともと、オークランドと言えば、円谷幸吉をはじめ当時の日本選手がよく合宿に利用していた土地である。そのオークランドで、私は前日、三〇キロ競歩に出場し、三時間一一分一九秒で六位に食いこんでいた。これはもしかしたら、とてもすごいことだ。なにしろ、学内の大会でも、県大会でもない。日本でも、アジアでもない。世界の六位なのだ。

ライアン選手の活躍をテレビで見ていたころには、想像すらできなかったことだ。ライアン選手は私が知るかぎり三度日本で走っている。一度目は、福岡マラソンで優勝した年。当時中学二年生だった私は、長距離を走らされれば、クラスでも後ろから数えた方が早いほど走るのが遅かった。なにしろ、スポーツテストの一五〇〇メートルでは七分二九秒を要し、後ろには二人しかいなかったほどである。

テレビで見るマラソン中継には心躍るものがあった。自分を投影して、あたかも自分が先頭争いをしている姿を想像してはみるものの、それを現実のものにするには、自分の肉体はあまりにもお粗末すぎる。ほんの少し走っただけでぜいぜい言うようになり、体中が酸素を求めて喘ぎ出す。

そんな自分にも、もしかしたら長距離を走れるかもしれないという思いをいだかせてくれたのは、その翌年の福岡マラソンだった。皮肉にもそれはライアン選手が惨敗したレースだった。皮肉はそれだけに終らない。英検三級の二次試験の日と重なったため、私はマラソンの歴史の中で記念すべきレースを見逃すはめになった。

試験から帰ったところへ、父と弟から、驚くべき結果を知らされた。あのアベベが東京オリンピックで記録した二時間一二分一一秒二はおろか、重松森雄が保持していた世界記録、二時間一二分〇〇秒を大幅に更新して、一挙に二時間九分台に突入したというのだ。

「ライアンか」

そう思うのもムリはない。父だってライアンが勝つものとばかり思っていたという。二〇キロまで併走していたクレイトン選手は、オーストラリアの第一人者とはいえ、それまでの自己記録は二時間一八分台。これなら、ライアンの楽勝である。

「出ました。出ました」

だから、アナウンサーのその声を聞いたとき、父はてっきりライアンだと思ったそうである。そうではなかった。出たのはクレイトンで、ライアンは九位に終った。

人類が初めて二時間一〇分の壁を破ったレースを見ることができなかったのは、残念でならなかった。

こんな自分でも、高校で陸上部に入ってやっていけるかもしれないと思ったのは、実はこのクレイトンが何と、一日四〇キロも練習していることを知ったときである。今では別に珍しくはないけれども、当時としては驚異的な練習量であった。

もしかしたら、量さえこなせば、この自分にも希望があるかもしれないと思った。

福岡ではライアンは敗れた。しかし、オリンピックでは君原に次いで見事に銅メダルを獲得した。クレイトンは七位だった。

メキシコオリンピックで、君原とライアンのゴールを見届けたとき、私は陸上の中長距離をやりたいという夢を叶えていた。

空想のなかでは世界の舞台で先頭争いをしている自分を思い描いてはいても、現実の世界での自分がいかに小さいものであるかはわきまえていた。もっとも、それは試合に出るまでもなく、陸上部に入って少しきつい練習をやらされれば、自ずとわかることであった。インターバルなんてきつい練習はもう少し体ができてからにしてほしかったが、そんなことはかまってもらえない。三〇〇メートルが一本終るたびに、こんな苦しい思いまでして強くならなくてもいいと思ってしまう。

高一の夏、初めてレースに出た。距離は一五〇〇メートル。戦々恐々としながら、ビリでもいい、自分一人大きく取り残されさえしなければ、というくらいの気持ちだった。後には、四人か五人いた。それでホッとするような選手だった。練習するうちに少しは強くなったけれども、当時の大阪府が五学区に分かれていて、その第四学区でかろうじて入賞したのが、最高の成績だった。八〇〇メートルが七位、一五〇〇メートルが五位。

三年の春、高校総体の大阪府予選、一五〇〇メートルと八〇〇メートルが高校時代最後のレースとなった。

そんな私にとって、このオークランドは信じられないような夢の舞台だった。

3
やって来いよ、競技場へ

さて、どのくらい歩けるようになったでしょうか。自分のことを客観的に見てくれる人が身近にいないと、今ひとつ自信をもてないかもしれません。

お家の近くに正確な距離がわかるところがない人もいるでしょう。

もちろん、正確な距離がわかるにこしたことはありませんが、とりあえずはおよその距離でもいいでしょう。

一キロでも二キロでもかまいません。一キロをどれくらいで歩けるかがわかれば、あとは持久力の問題ですから、三キロならどれくらい、五キロならどれくらいで歩けるかは計算で求めることができます。

人間の歩く速さは時速四キロと言われていますが、急いでいる人は六キロくらいでは歩いているはずです。この速さだと一キロ一〇分になります。歩く速さを競おうとするのですから、もう少し速く、キロ八分かもしかすると七分くらいでは歩けるようになったかもしれません。

そうやって、一定の距離をどれくらいで歩けるかを試しているときには、かなり苦しい思いをしながら、必死の思いで歩いてきました。

いったん、全力で歩ける速さがわかったら、今度は苦しくないスピードで、できるだけ力を使わないように歩いてみましょう。軽うく、軽うく歩いてみましょう。

これまでと何かちがう。どこかがちがう。そういう感覚が出てくれれば、しめたものです。

道を歩いていても、よその人の動きがなぜかもどかしく思えるようになってくるはずです。すぐ前をせかせか歩いている人がいます。その人よりはずっと楽に、力まずに歩いているのに、なぜか歩く速さは変わりません。こいつは楽ちん、急がないとなんて思わなくても、体がすいすい前に進みます。

ついこの間まで、ちょっとしたことでも疲れを感じたり、体を動かすのが億劫になったりして、やっぱりだんだん年をとってきて、あとは少しずつ少しずつ、このまま下り坂を下りていくしかないのかと思っていた人もいるでしょう。

でも、なんだかそれはちがうような気がしてきました。錯覚でしょうか。

いいえ、錯覚なんかではありません。前を歩いている人、横を歩いている人を見てください。年配の人もいますが、けっこう若い人たちがたくさんいます。背中を丸めて、腰が落ちて膝が曲がり、なんとも情けない姿で歩いています。別に急ぐ理由もないから、ゆっくり歩いているというより、もともとそれだけのエネルギーしかない人たちなのだと思えてきます。

この人たちとなら、本気で勝負しても勝てそうな気がします。何も、少しは技術が身に着いた競歩でなくても、単純に走るだけでも勝てそうです。

もしかしたら、年齢はあまり関係ないのかもしれない。なんだかそんな気がしてきました。

このままでも、人生かなり変わったはずです。それで十分だと思う人もいるでしょう。でも、せっかくここまで手ごたえがあったのですから、どこかで腕試しをしてみましょう。競技なんかに出ずに、日常のなかでだけ少しばかり体を動かして、少しばかり他人よりは体の中に力がみなぎるのを感じて、それで充実していると思えるような人生も選択肢のひとつではありましょう。

ううん、むずかしい問題ですね。首に縄をつけてまで競技会に連れて行くつもりはありません。

幸か不幸か、マラソンの季節が来れば、ちょっとチャンネルをひねっただけで、ごくごくふつうの人たちが走っている姿が映し出されます。私なんかは、馬券は買わないくせに馬が走っているのを見ただけで血が騒ぐ性分で、人間が走っている姿を見たらもうたまりません。そんな私には遠い故郷があって、思いはいつも陸上競技場に帰っていきます。ところが、そんな故郷のない人は、テレビの圧倒的な力に動かされて、道路へ道路へと向っていきます。そうして、映像がまた新たな走る仲間を作っていきます。

世の中、こんなふうになってしまったら、猫も杓子も右へ倣え、人が大勢集まる道路へ道路へと、繰り出していきます。それに、マスコミは走る場を映し出してくれはしても、歩く場を映し出してはくれません。

走る場所は道路、歩く場所は飛鳥の石舞台であったり、山道であったり、まるで棲み分けをしているかのようです。

マスコミはいつも先に相場を決めてしまい、その相場通りに映像を作り、番組を作ってしまうのです。

ですから、一度どうでしょうか。ご一緒に競技場に行ってみようではありませんか。道路もいいけれども、競技場には競技場の魅力があります。オリンピックだって、中心になるのは陸上競技で、その競技の舞台となるのは陸上競技場です。そこに行けばいろんな競技を見ることができます。走る競技だけではありません。棒高跳びも、ハードルもあります。ハンマー投げや槍投げも見ることができます。

もちろん、競歩だって見ることができます。

4 夢の燃えさし

酷暑レースの愉しみ

後ろはもう誰もいなかった。前には弟が、そのさらに前には大阪ガスの坂口選手が、およそ一メートルの間隔で進んでいた。この三人が第二集団を形成し、七人の先頭集団は早くも百メートル前を行っていた。あびこクラブの辻谷兄弟で九位、十位争い、つまり最下位争いをするはめになるのではないかという危惧が、いよいよ現実のものとなりつつあった。

夕べ、弟から試合開始の時刻を知らせる電話があった。昨年までより一時間遅く、四時二五分からということだった。毎年、真夏に行われる国体選考会の一万メートル競歩。暑さを避けてのダイヤ編成だった。それは、歩くだけなら一万メートルだってたいしたことはないだろうと思われていた競歩にも、ようやく市民権が認められたという、本来なら嬉しいはずの知らせだった。けれども、私たちの口調は重く、「そうか」とため息をつくだけで多くを語らなかった。涼しいということは、上位進出の望みが断たれることを意味した。二人ともそれなりの覚悟はできていた。

それはいつも苛酷なレースだった。暑さのために後半のペースがまったく読めなかった。陸連公認の競歩のレースに初めて出た八六年には、五〇〇〇メートルを過ぎて自分で自分の体を思い通りに動かすことができず、出場八選手中八位。翌年は出場八選手のうち、二人をそれぞれ一周と二周抜いたものの、この二人が途中棄権したため、完歩者中またも最下位の六位となった。昨年は一六人という盛況、酷暑のなかで初めて自分のレースができた。前半は一五位でスタート、暑さで遅れてくる選手を拾っていくうちに、気がついてみると六位に入っていた。この時、弟は八位だった。

ところが、今年は参加一二人。また今までの「少数精鋭」に戻っていた。そのなかで確実に勝てる相手は一人しかいなかった。弟にはそれまで四連勝していたが、今年に入ってからの練習内容では、そんな数字など何の役にも立たなかった。四月に入ってから、連日激しい喉の痛みを訴えていた。家にいるうちは何ともなくても、外に出ると急に痛み出す。とても練習どころではなかった。眼もおかしい。眼医者に見てもらったら、アレルギー性結膜炎とのことで、喉の痛みもそのせいであるらしかった。それが一ヵ月以上続いた。

こんな状態だから、四連勝している弟に絶対勝てるとは断言できない。しかも、弟はこの時期の一万メートルがやけに強い。大阪ガスの坂口選手には大阪選手権で四秒差で勝ってはいるが、相手は五〇キロが専門、スタミナでは一枚も二枚も上だろう。一度、二人から離されかけるが、どうにかついて行く。そのうちに足が詰まってきた。かすかな希望が見えてきた。楽についている証拠である。このまま歩幅を狭くしてついてゆくのがよいか、踏ん切りがつかない。二〇〇〇メートルの手前で試しに前に出る。出たからといって二人を振り切れるとは思っていない。ペースはキロ五分からそれほど上がってはいない。案の定ついて来る。意外なことに弟と坂口選手との順位が入れ替わっている。やはり弟は元気なのだ。今度は弟が前に出る。こんな時、兄弟というものはいいものだ。相手の手のうちはすべてわかっているから安心してついゆける。

三〇〇〇メートルを過ぎて坂口選手が遅れ出したのがわかった。「おい、坂口が遅れたぞ」と弟に伝えようとしたが、声が出ない。兄弟の連係プレイで強敵を一人蹴落としたという意味のことを伝えたくてしようがなかった。いくら、今日は元気そうだからといって、記録では勝っている私が弟に引張らせておくのは悪いような気がして前に出た。すると、その時の勢いで弟まで引き離してしまった。どうにか八位を確保できそうな状況になってきた。

そのうちに、大阪陸協の奥野選手が遅れてきた。私にはあまり気にならないが、暑さはやはり厳しいのかもしれない。奥野選手をとらえて七位に上がったところで、先頭集団がすぐ後ろに迫ってきた。五〇〇〇メートルの手前で六人の集団に抜かれる。集団の中では熾烈な駆け引きが始まっている。東海大の選手が弾き出されるように遅れ始めたかと思うや、急激に減速する。これなら抜き返せる。そう思う間もなくコースから逸れてしまう。この瞬間、三年連続入賞の可能性が点った。後方の選手に抜かれまいと一周先を行く先頭集団をじっと見据えてついてゆく。次に遅れ出したＪＲ西日本の田上選手との差が開かない。むしろ詰まっている。すると、田上選手もやめてしまう。これで五位。後ろの三人のうち一人までなら抜き返されてもまだ六位に入れるかと思うと、急に気が楽になり、このあたりから完歩だけが唯一最大の目標になってきた。七〇〇〇メートルを過ぎ、八〇〇〇メートルを過ぎる頃になると、体が心地よく疲労してくるのがわかる。この疲労がやがてゴールの満足感につながっていくことが予感される。昨年も一昨年もそうだった。真夏の一万メートルを歩き切った充足感は、五〇〇〇メートルを単純に二倍しただけのものではない。練習ができていないなりに出場してよかったと思った。九〇〇〇メートルで先頭に二周抜かれるが、二位以下がなかなかやってこない。すると、前方に選手が一人見えてくる。差はむしろ縮まっているのだ。あと、一〇〇〇メートルしかないのが残念でならない。もう少しあれば確実に抜き返せる。

残り百メートルにかかると、場内アナウンスがはっきりと聞こえた。

「ただいま、あびこクラブの辻谷くんがゴールいたしました。暑いなか、ご苦労さまでした」

通告の讃岐さんならではの名調子である。その名調子につられてか、スタンドの高校生からも拍手が起こる。この瞬間のために歩いてきたのだと思う。

五位だとばかり思っていたのが、実はもう一人棄権者がいて、四位にまで上がっていた。そして、次に入ってきたのは弟だった。兄弟揃っての入賞は酷暑の恩恵であるとしか言いようがない。

暑さのためにやる気をなくした選手がいたということはある。この大会に重きを置いていない選手がいたことも否めない。それにしても、一介の自由業者が大阪ガス、ＪＲ西日本、ＮＴＴ関西などの実業団選手と戦って勝ち取った大阪府四位である。走る競技ではとてもここまでは来れなかった。

その昔、武庫川の河川敷で、武庫川ロードレースという月例記録会があった。距離は二キロ、五キロ、一〇キロ、二〇キロの四種目。大会参加者の一人が「武庫川通信」という機関紙を出していた。これはその機関紙に寄稿したものである。

文というものは偉大なものだ。上手な人が書いても、下手な人が書いても、過ぎ去ってしまったはずの時間をとどめておくことができる。こうして書きとめておかなかったら、ここまでは甦ってはこなかった。今読み返してみると、私のように大したことのない選手でも、実業団の選手とレースらしきものをやっていたのだなと、しみじみ思い出される。ビデオにはその時の姿を焼きつけておくことができても、気持ちは残らない。

けっして華やかな舞台ではない。ささやかな舞台である。人はだれしも、自分がのめりこんだ世界で、一度は舞台に立ってみたいと思うのではないだろうか。必ずしも主役である必要はない。脇役でいい。引き立て役でいい。一生、観客のままでひたすらいい芝居だけを鑑賞するのも悪くはないが、下手な芝居でも自分でやってみるのもまた格別である。
その夢を叶えてくれたのが競歩だった。
そしてその先に、さらに大きな舞台を用意してくれたマスターズがあった。

5 年齢の感覚が消えてしまった世界

さて、やって来たところは陸上競技場です。

さっそく、正面の観客席に陣取ると、女子の一五〇〇メートルをやっています。テレビで見慣れたレースに比べると、選手が疎らに見えますが、先頭の選手はけっこういいスピードで走っているように思えます。そのあとは一〇〇メートル置いて一人、それから五〇メートル置いてまた一人、あとははるか後方で、一周近く遅れている選手もいます。

今、いちばん後ろの選手が先頭に一周抜かれるところです。

一流の選手と、近所のおばさんが一緒に走っている。そう感じる人がいるかもしれません。おばさんの走る姿はけっして美しいとは言えませんが、五〇歳前後の人でしょうか、バスに乗り遅れまいと走るだけで息を切らせている人が多いなかで、ともかくもこれだけの距離を全力で走ろうとするだけでもたいしたものです。相手が一流ですから、一周抜かれるくらいのことは仕方ありません。

それにしても、先頭の選手は凄い。やや小柄ですが、何といっても体の張りというのでしょうか、ムダな肉がひとつもなくて、その締まった身体がまったくぶれることなく、実に正確に歩を刻んでいます。陸上選手としていちばん脂の乗った二五歳前後の選手でしょうか。

遠くからでは顔まではよく見えませんが、意志の強さを感じさせるいい表情をしています。ちゃらちゃらした若い娘が多いなかで、やっぱりボクはこういう人がいいな。好きになっちゃいそうです。

さて、レースに戻りましょう。見慣れない人には、一五〇〇メートルの通過距離はなかなか把握しにくいものです。なにしろ、一周四〇〇メートルのトラックですから、どうやっても割り切れません。ここ正面観客席の右手手前に見えるのがゴールですが、出発はその向かい側、カーブを一〇〇メートル行ったところになります。

ゴールを基準にすると、最初にゴール地点を通過したときが三〇〇メートル、次が七〇〇メートル、残り一周の時点で一一〇〇メートルになりますが、通過時間は出発した地点を基準に四〇〇メートルごとに通告されます。

「先頭、ただ今八〇〇メートルを通過。時間、二分三七秒」というような具合です。

残り一周で鐘が鳴りますが、このときの通過タイムは通告されません。

それでも、あと一周をどれくらいで行くかによって、ゴールタイムが予測できるわけですから、残り一周の時点でのタイムは気になります。さいわい、ゴール近くに大きな電光時計が置いてあって、正面からよく見えるようになっています。

鐘が鳴りました。時計は三分三九秒を指しています。

これはすごいことになりました。観客席がざわざわしています。「このまま行きますと、大会新記録、県新記録が生まれる模様であります」という放送がありました。確かに、残り四〇〇メートルを八〇秒（陸上競技では一分二〇秒と言わず八〇秒と言うのがふつうです）で行くと、五分を切ることになります。

一五〇〇メートル四分台といっても、ふだんから陸上競技に縁のない人にはピンとこないかもしれません。それなら、中学時代、高校時代のことを思い出してみてください。スポーツテストというのがあって、ムリヤリ走らされたような記憶はないでしょうか。そこで、四分台なんて耳にしたことはなかったんじゃないでしょうか。四分台どころか、六分を切ればクラスでは速い方でした。

それも男子の話です。女子は一〇〇〇メートルで、四分を切る子はほとんどいなかったはずです。そのままの速さで一五〇〇メートルを走ったとしても、六分かかってしまいます。

ですから、日本選手権やオリンピックに出る選手など、上には上がありますが、女子が一五〇〇メートルを四分台で走るということは、それはそれは凄いことなのです。

その四分台が出る瞬間を、この目で見ることができるかもしれないのです。場内がますます騒がしくなってきました。観客席全体が興奮しています。

「先頭はW45の〇〇さん、一二〇〇メートルの通過時間、四分ちょうど。残り三〇〇メートルを一分以内で行きますと、四分台の記録が出ます。みなさん、応援してください」

その放送とともに、場内から「ゴフン、トッパ、ゴフン、トッパ」の大合唱が起こります。

初めて競技場に足を運んだ人も、我を忘れて、その海鳴りのようなざわめきに合流します。ゴフン、トッパ、ゴフン、トッパ。

そんな観客以上に、五分の壁を破りたいと思っているのは、ほかならぬ先頭の選手自身です。しかしもう、体が思うように動きません。必至であがいている様子が伝わってきます。脚はガクガク、いったいどれほどの重力がかかればこれほどまでになるのかと思えるほどです。あとは腕だけが頼りです。腕の力で、動かない脚を少しでも前に進めてやるしかありません。その腕もしびれて、もはやほとんど感覚がないかもしれません。

残り一〇〇メートルの地点はわかりにくいので、はっきりしませんが、四分四〇秒ほどで通過した模様です。まだ、いけます。まだ、四分台、いけます。そこだ。いけ。

ゴールに近づくと、大歓声に悲鳴がまじり、やがてそれが大きなため息に変わりました。

時計というものは実に非情なものです。

五分〇〇秒四

冷静に考えてみれば、自分の人生とはまったく関係のないことなのに、何かとても大切なものがなくなってしまったような気持ちになります。不思議なものです。

少しずつ興奮が醒めてくると、とても大きな思い違いをしていたことに、うすうす気がつき始めました。

確か放送ではW45と言っていたような気がします。走る姿を見て二五歳前後の選手だと勝手に思いこんでいたのが、実はそうではなかったのです。

W45と言えば、若くても四五歳、もしかすると四九歳の可能性だってあるのです。四〇代も後半になって、あんな引き締まった肉体で、あんな記録で一五〇〇メートルを走る人がいる。

そう思うと、五分を切れなかった無念さなど、どこかへ吹っ飛んでしまいました。

群集心理で騒いでいた先ほどの興奮とはちがい、じわじわと押し寄せてくる不思議な感情です。たとえ、この人一人だとしても、四十代も後半になってこんなことができる女性がいる。人間ってのは、やっぱり捨てたもんじゃない。そう思えてくるのです。

そうやって感傷に浸っていると、次は男子一〇〇メートルです。

年齢別になっていて、最初はM70、M75、M80がいっしょに走ります。それぞれ一人か二人で、走路もまばらです。

さあ、いっせいに出ました。いつも見慣れている走るという姿にはほど遠い人もいます。

たちまち、大きな差が開いてしまい、レースとしての興味もほとんどありません。ただただ、元気なおじいちゃんという感じです。

所詮、マスターズとはそういうものか。いくらがんばってみたって、おじいちゃんはおじいちゃん。さっきの女子一五〇〇メートルのような興奮は、めったに味わえるものではないのかもしれません。

そうこうしているうちに、M65の出発になりました。

ピストルが鳴った瞬間、地響きがしたかと思うと、野牛の群れがゴールに向って疾走しているではありませんか。もの凄い迫力です。

一瞬の出来事でした。

どうせ、おじいちゃんだと思って高をくくっていました。ですが、鍛え上げた筋肉は見事で、髪の毛が薄くなっていることに目をつむれば、若い選手と何ら変わるところはありません。記録も実に一二秒台です。中高生だって、そう簡単には勝てない速さです。

凄いものを見てしまった。この高鳴る胸のうちをいったいどうすればいいのだろうと思っているうちに、今度はM60の時間になりました。

たった今刻まれたばかりの映像を、さらに速送りするかのように、さっきより格上の猛獣たちが怒涛の勢いでゴールになだれこみます。

この人たちを高齢者と呼ぶのなら、高齢者とはまさに高い嶺に駆け上がらんとする者たちを意味するのでなくて、いったい何を意味すると言うのでしょうか。

こうして、主催者は意識的にせよ、無意識にせよ、五歳刻みで後になるほど若い選手を出してきて、たった今味わったばかりの感動を、さらにそれを超える高みにまで引き上げようとするのです。

これはもう、音楽です。交響曲です。肉体の躍動というモチーフを、繰り返し繰り返し用いるうちに、その躍動感と迫力を段階的に高めながら、見る人を等しくこれ以上は上れないと思えるような精神の高揚にまで導いていきます。

こうして、野獣たちが疾走するたびに、ひとつ前の残像ですらついていけないほどのスピードで、たたみかけるような映像を見せられると、その迫力が果たしてオリンピックの一〇〇メートルに勝ることはあっても、劣ることはあるのだろうかという思いにさせられるのです。

雲の上の人たちに見えるからこそ

ああ、それにしても、凄いものを見ました。見てしまいました。

この余韻をもてあました状態から、いったいどうやってまた、日常の世界に戻ればいいというのでしょうか。

それでも、時間がたてば興奮は醒めてきます。

我に返ると、ひとつ困ったことが起きてしまいました。マスターズという世界が、単なるおじいちゃん、おばあちゃんの世界なんかではなく、まして年寄りの冷や水などとは程遠い世界であることがよくわかりました。でも、それだけに逆に自分とはかけ離れた世界に見えてきました。

やはり、もともと凄い人は凄い。今までの世界観と変わったところは、そういう世界が何歳になってても存在するというだけのことで、自分たちはやはり入りこめない世界であるということでしょうか。

もちろん、日本選手権や実業団陸上とちがうのは、こうして見てきたように、一〇〇メートルを一二秒台で走る人にまじって一七秒かかろうが、一八秒かかろうが仲間に入れてもらえるところです。

長距離種目のように、時間のかかる競技になると競技の進行上、制限時間を設けることもありますが、一〇〇メートルや二〇〇メートルに制限時間はありません。

ですから、いくら遅くてもいいと思う人はそれでもいいのです。

現に、いわゆる遅い人はたくさんいます。それはそれでひとつの楽しみ方でもあります。

私がこれまでに出会った人のなかに、オーストラリアのブリスベンで開催された世界大会の五〇〇〇メートルで、最後の一〇〇〇メートルまで最下位争いをした人がいます。二人だけが残りの全選手に周回遅れにされ、最後の一周は二人だけでトラックを独占、優勝者の何倍もの声援を受けてゴールしました。

とにかく楽しめばいいという人には、これはこれで忘れがたい思い出になることでしょう。参加することは、それだけで意義のあることです。

でも、せっかく少しは競歩の技を身につけたのです。一〇〇〇メートルや五〇〇〇メートルでは歯が立たなくても、競歩ならもう少し前の方で活躍できるかもしれません。

まずは、とにもかくにも大会に参加することを考えていきましょう。

登録から大会参加まで

現在、中高年の人たちが競歩の大会に参加しようとすれば、各都道府県にマスターズ陸上競技連盟というものがあり、それぞれの連盟に登録することになります。各都道府県の事務局に連絡を取れば必要な手続きを教えてくれます。事務局の一覧を巻末に掲げておきましたので、ご利用ください。

登録には登録料が必要で、一年ごとの更新になります。都道府県に登録すると同時に全日本マスターズ陸上連合の会員になり、各都道府県の記録会、選手権、各地方の選手権、さらには全日本マスターズ選手権に参加することができます。

競歩の競技は基本的に陸上競技場内のトラックで実施され、距離は都道府県や大会によって異なりますが、三〇〇〇メートルか五〇〇〇メートルのどちらかになります。一周四〇〇メートルのトラックですから、三〇〇〇メートルだと七周半、五〇〇〇メートルになれば一二周半します。

何分、生まれて初めてのことですから、不安は尽きないと思います。不安と言ってもふたつあると思います。ひとつは、いきなり大会に出て、自分のスピードで本当に大丈夫なのだろうかという不安、自分の歩き方で本当に大丈夫なのだろうかという不安、もうひとつは、これから自分が入っていこうとする世界が、何か場違いな世界なのではないかという不安です。

まずひとつ、歩くスピードの心配は無用です。大会の事情もよくわからないものですから、どこそこのマラソン大会のように、一定時間が来ると背後からバスがやってきて収容されてしまうのではないかと心配する人がいるかもしれません。

トラックでレースがあるのですから、競技場の中にバスが入ってきて、遅れた選手を連れていくということは絶対にありませんから、安心してください。ただし、トラックではいろいろな種目の競技が行われますので、競技の進行上、あまり遅い選手は途中で止められることは考えられます。大会や年齢によっても異なりますが、三〇〇〇メートルだと二五分から三〇分、五〇〇〇メートルだと四〇分から五〇分ほどの時間を用意してくれています。

これだと、時速六キロから七キロくらいの速さになります。競歩のトリックがわかっていなくて、いわゆるふつうの歩き方でがむしゃらに歩いても、これくらいの速さならどうにかなりそうです。

ですから、制限時間の心配はしないでおきましょう。

仮に制限時間ぎりぎりになったとしても、しっかりと前を見据えて歩いていれば、わずか数十秒や一～二分の差で競技者を切り捨てるようなことはしないものです。

反則掲示板

競歩は走る競技とちがって、それなりの制約があります。競技場には原則として七人の審判がいて、手に反則を表示する板のようなものを持っています。これには二種類あって、ひとつは波のようなマーク、もうひとつはくの字形のマークがついたものです。波のマークは「浮いている」ことを表すもので、どちらの足も地面についていない瞬間があることを意味します。くの字形のマークは、形の通り、膝が曲がっているということです。人間は常に膝を伸ばしたまま歩くのは絶対に不可能ですから、曲がっているといっても、着地した足がその着地の瞬間から地面と垂直になるまでの間の話です。

一瞬でも体が宙に浮くか、膝が曲がっているとみなされれば、反則を取られます。この反則を別々の審判から三回取られると失格になります。

反則の場合は本人に直接伝えることになっているので、知らないうちに取られたということは本来ありえないのですが、単なる注意なのか、反則を取られたのかがわからないときがあります。そのときに頼りになるのが反則掲示板です。

競技場には反則掲示板というのがあって、トラックを一周するごとに自分が何回反則を取られたかがわかるようになっています。

著者（左）の膝は伸びているが、前の選手（右）の膝は曲がったままになっている

レース出場

　時間ぎりぎりに行っても競技に参加できるというものではありません。陸上競技は個人競技で、それぞれ出場する競技と開始時間が異なります。中高生ならともかく、社会人が集まって作っているチームでは、それぞれ仕事もあり、個人個人の事情もあり、何もかも団体行動をとるようなことはありません。

　ただし、自分が出場しようとする競技に出るには、まず受付でプログラムとゼッケンを受け取ります。受付をすませたら、あとは時間になったら出発地点に行けばいいというものではありません。召集を受けなければ競技に参加することができません。私たちはこれをコールと呼んでいます。競技場に着いたらまずこの召集場所を確認しておくことが大切です。

　フィールド競技では競技開始時間の三〇分前、トラック競技では二〇分前までに召集場所に行って、自分の名前かゼッケンの番号を〇で囲みます。これが一次コールです。

　大会によって、一次コールのあとは現地集合の場合と、もう一度召集場所で最終コールがある場合とがありますので、この時点でどちらであるかを確認しておきます。たいていはこの時点で腰ゼッケンをもらいます。最近は電気掲示がほとんどなので、ランパンの右側に腰ゼッケンをつけます。

最終コールがある場合は、召集場所で点呼を受けたあと、係員の誘導に従います。それがない場合は、自分で出発地点に行きます。

三〇〇〇メートルでも、五〇〇〇メートルでも出発地点は同じで、ゴール地点から二〇〇メートル、対角線上を横切った地点になります。ちなみに二〇〇メートルのスタートもここからです。

地方大会から全日本まで

マスターズには各都道府県の大会、九州、中国、近畿などの地方大会、さらには全国大会（全日本マスターズ）があります。ただし、県大会、地方大会、全国大会はそれぞれ独立の大会で、県大会が地方大会の予選、地方大会が全国大会の予選になっているわけではありません。

二年前に三〇回記念大会を迎えた全日本マスターズでは毎回、競歩の競技がありますが、地方大会や県大会では、もともと競歩という種目を設けていない大会もあり、種目そのものはあっても年度によって開催されないこともあります。

次に紹介するのが、これまでの大会開催地で、その右にあるのが私の順位です。距離は大分大会までは三〇〇〇メートルでしたが、那覇大会から五〇〇〇メートルになっています。

全日本マスターズ選手権大会			
第1回	1980	和歌山(和歌山)	
第2回	1981	甲府(山梨)	
第3回	1982	東京(東京)	
第4回	1983	諫早(長崎)	
第5回	1984	那覇(沖縄)	
第6回	1985	鳴門(徳島)	
第7回	1986	東京(東京)	
第8回	1987	広島(広島)	
第9回	1988	秋田(秋田)	
第10回	1989	和歌山(和歌山)	優勝
第11回	1990	甲府(山梨)	二位
第12回	1991	宮崎(宮崎)	優勝
第13回	1992	鳥取(鳥取)	優勝
第14回	1993	神戸(兵庫)	優勝
第15回	1994	上尾(埼玉)	五位
第16回	1995	平塚(神奈川)	二位
第17回	1996	富山(富山)	六位
第18回	1997	大分(大分)	五位
第19回	1998	那覇(沖縄)	四位
第20回	1999	熊本(熊本)	二位
第21回	2000	一ノ関(岩手)	二位
第22回	2001	清水(静岡)	二位(3000メートル障害も二位)
第23回	2002	松江(島根)	優勝
第24回	2003	金沢(石川)	五位
第25回	2004	鹿児島(鹿児島)	二位
第26回	2005	大阪(大阪)	世界マスターズ出場のため不参加
第27回	2006	宮城(仙台)	三位
第28回	2007	下関(山口)	優勝
第29回	2008	宮崎(宮崎)	二位
第30回	2009	名古屋(愛知)	四位
第31回	2010	東京(東京)	三位
第32回	2011	和歌山(和歌山)	
第33回	2012	岡山(岡山)	

6
いざ世界へ
——生きているかぎり、挑戦は続く——

ビール神話は生きていた　リッチョーネ編

「適量のビールを飲みながらフルコースの昼食を取れば、夕方のレースは後半ペースが落ちず、どちらかと言えば後半型のレースができる。」

ごくごく狭い範囲に限定すれば、「トリビアの泉」にでも使えそうな命題である。フルコースもさることながら、適量のビールとあるところがミソである。

フルコースの昼食にビールをたしなむなら、ボクにとっての適量とはずばり、中ジョッキ二杯分。

最初はイタリアのリッチョーネ。二〇〇二年の世界マスターズロード選手権の時、本命は二日後の三〇キロだったこともあって、その日の一〇キロは比較的楽な気持ちで臨んでいた。とにかくレストランで口にするもの、何もかもおいしい。それなのに、ツアーの関係でホテルに可もなく不可もなくの夕食がついていて、せっかくアドリア海に面した漁港に来たのに、これでは蛇の生殺しもいいところだ。せめて昼食なりと、ここぞとばかりたらふく食わねば来た甲斐がない。

夕方レースがあることはわかっていても、獲物を目の前にしては、もはや自制心などどこかへ吹き飛んでしまう。自分の好きな魚を選んで、その場で調理法を指定する。これは最高だ。アルコールだけはちょっと控えようなんて野暮なことは言いっこなしにしよう。レースのことがあるので、ワインは我慢するとしても、これだけのものを前にして、ビールがなくて何の人生ぞ。

ああ、よく食べた。あとは食べたものを出発までに消化しきれるかどうかだ。

案の定、出発時間が来ても食べたものがまだ胃の中に残っているという感じがした。ただ、一〇年続いた故障がようやく治って、充実した練習ができつつある時期だった。M45の出場は開催国イタリアをはじめ世界各地から二三人。みんな強そうだけど、大丈夫。何たって、ボクは日本人にはコロっと負けるけれど、外人を相手にすると燃えるタイプなのだ。

それまでの世界大会の最高順位は一六位。今日こそは一〇位か、あわよくば八位くらいを狙いに行くぞ。号砲が鳴った時には、胃のことなどすっかり忘れていた。

それにしても、ヨーロッパの連中は強い。イタリア、ポーランド、スペイン、ドイツ、ロシア、フランスと、一国一人ずつ先行を許しただけでも、一〇位などはるか彼方に視界から消えてしまう。必死の思いで食らいついた。そのがむしゃらさに同行の「俄かコーチ」から「もっと全身の力を楽に使ってついて行け」と檄が飛んだ。

初めて会った人なのに、「もっと腕を速く振る」、「残した足の指で地面を強く蹴る」など、長年お世話になったコーチのよう。ついには「あとまだ三人抜ける」と来る。おいおい、こちらにもこちらの事情というものがある。もう目いっぱい。これ以上の力はどこを探しても出てこない。「くそ、鬼コーチめ」とは思っても、おだてられたら、その気になるのが悪い癖。

それから一人は抜いた。三人は抜けなかったような気がする。あと数メートルにまで追い詰めたと思ったら、もうそこにゴールがあった。よほど充実していなければ、「ええ、もうゴール」なんて思えることはない。ドイツ選手が「強いなあ」と言って握手を求めてくる。

もしかしたら、初めて世界で一桁の順位にまでいけたかとも思ったが、ちょうど一〇位だった。それでも悔しさはなかった。後半ほとんどペースが落ちなかった。それも前半押さえてのことではなくて、かなりムリをしてついていって、ここまで持ちこたえたのは、われながら大健闘である。相手が強すぎた。さわやかな気持ちになれた。

初めて出会ったこのボクに、実のコーチのように応援してくださった北上の方には、心からお礼申し上げたい。

ビール神話は生きていた　リンツ編

四年前にはこの神話は健在だった。だけど、あのころは練習も十分にできていて、スタミナには絶対の自信をもって臨んでいた。

それにひきかえ、今年は散々だった。昨年六月の貧血に始まり、十月には手術、まともな練習などとてもできるような状態ではなかった。わずか四ヵ月でかろうじて試合に間に合わせた。

二〇〇四年、世界マスターズ室内陸上選手権が始まった。第一回大会はドイツ。四月に世界マスターズロード選手権を予定していたのに、年が明けてすぐにそのわずか一ヵ月前に室内大会があると聞かされたものだから、もうどうしようもない。まさに寝耳に水だった。

だから、二〇〇六年にオーストリアのリンツで第二回大会が開かれるとあっては、もう居ても立ってもいられない。室内大会とはいっても、二〇〇〇メートルのトラックで三〇〇〇メートルがあるほか、別会場で一〇キロ競歩もある。

室内三〇〇〇メートルは先頭から大きく置いていかれたが、練習ができていないわりには体が動いた。だが、二日後の一〇キロにはスタミナに大きな不安が残る。

中一日の休み、日程の都合で、この日にチェコに行かなければほかに行く機会がない。そんなわけで日帰りでチェコの小都市、チェスケイブディョヴィーチに行った。何とも舌を噛みそうな名前で、切符を買う前に何度も口に出して練習し、無事詰まらずに切符が買えたときにはほっとした。

練習ができている時はそれなりに充実しているが、逆に練習ができていない時には自分でも多くを期待しないだけに、すごく楽な気分で臨むことができる。

ここリンツに来てから、けっしておいしいものに巡りあわないわけではないのだが、おいしい肉団子のスープが出てきたかと思うと、やたら量の多いこってりしたパスタが出てきたりして、今ひとつ「食べた」という達成感が得られなかった。

一〇キロレース当日の昼、レース前だから別にいいものを食べるつもりもなかったので、ホテルの近くにある市庁舎のレストランに入った。でも、よく考えてみれば「市庁舎に入っているようなレストランにはあまりいいものはない」というのは日本人の先入観で、そこではけっこういい食事をすることができた。そうなると、ビールは一杯ですまなくなる。

一時間は切りたいが、この練習ではムリかもしれない。滑り出しの一キロがかろうじて六分をわずかに切る程度で、それほど余裕があるわけでもない。これでは後半の落ち込みを計算に入れると、一時間を切るのはまずムリだろう。

ただ、ちょうどいい具合に、スペイン人選手二人とオランダ人選手一人、それにボクの四人で集団を作ることができた。とにかく、この三人についていくしかない。そのうちにスペイン人の二人がいつの間にか落ちてしまい、オランダ人選手が前に出た。スペイン人選手には二日前の三〇〇〇メートルでも勝っていたが、このオランダ人選手には一分負けている。計算上は一〇キロなら三分離されることになる。そこはしかし、外人を相手にすると燃えるのがボクの性分。しばらく油を差していない機械のように関節がぎすぎすになってもう体は動かない。それでも、この速さなら惰性で押していける。

このオランダ人、もともとジャワあたりの血を引いているのか、アジア人の顔をしていて親しみが湧く。三〇〇〇メートル以来、顔を合わすたびに言葉をかわしている。

そのさらに前は選手の姿は見えない。このオランダ人選手に離されたら、辛い一人旅になる。このうえは何が何でも食らいつくしかない。ボクはもう記録のことは忘れて、ひたすらこの選手につくことだけを考えた。なぜか、スペイン選手団から「ハポン、ガンバレ」と声援が飛ぶ。

一時二〇メートルほど離されたが、ゴールではきわどいところまで追い詰めた。こういうレースをすると、勝ち負けはどうでもよい。お互い、心の底から相手の健闘を称えたいという気持ちになる。

「いいレースだったな」と相手が言った。

「おかげで五八分台が出たよ。ありがとう」

後半、ここまでペースが上がっているとは思わなかった。やはり、ビール神話は生きていた。

リッチョーネ編、リンツ編、どちらもブログからの転載である。ブログだから、大阪のことばを借りれば多少「いちびって」書いているが、本人はいたって真剣である。なかでもリッチョーネは、これまでの競歩人生のなかでいちばん思いをこめた大会だった。なにしろ、一二年間、故障に苦しんだ末、ようやく復活の手がかりをつかむことができたのだから、記録や順位を超えた喜びがある。

ふつうに生活していると、人は俳優と観客のどちらかに、はっきりと区分されてしまう。しかし、人はだれしも観客で終わりたいとは思っていない。俳優と観客の線引きなどまるで根拠のないもので、あるのは小さい舞台と大きな舞台だけである。

どんな人にも町内運動会ほどの舞台は用意されている。

その舞台がどこまで大きくなるかというだけのことだ。マスターズ陸上ができたおかげで、全日本の舞台がめぐってきた。日本からアジアへも、そう遠い道のりではなかった。

最初はこわごわだった。

同じ競歩をしていた大先輩の田中利明さんがアジアマスターズでも活躍されていたのは知っていた。ただ、年齢がちがうので、手元には若いクラスのデータがなかった。いくらある程度の年齢になっているからといって、こちらも故障知らずで来たのならいざ知らず、故障続きでろくな練習もできず、五〇〇〇メートル二八分では、海を渡れば勝負にならないだろうと思っていた。

しかし、全日本とアジアの差は意外に小さかった。

海外の大会として初めて参加したアジアマスターズ、インドのバンガロール大会では、四位に終わって悔しい思いをしたけれども、もともとまずは参加するだけ、様子をみて上位とはどれほどの実力の差があり、上位に食い込むにはどれほどの練習をしなければならないかを知るのが目的だった。それが、現状そのままでもメダルに手が届くことがわかってしまった。

世界マスターズはちょうど四〇歳になった年に宮崎で開催され、「若くして」世界と出会う機会に恵まれたが、それからが長い道のりだった。

現役で競技を続けていた三七歳のとき、まだまだ記録が伸びていたさなかに大きな故障に見舞われた。ギックリ腰のような症状があるけれども、いわゆるギックリ腰ほど重くはない。

腰の中心ではなく、どちらかと言えば違和感が右に偏って出ていた。この程度のものなら、鍼で簡単に治るはずだった。ところが、それまで診てもらっていた鍼灸医が知らない間に引っ越していた。

仕方なく、新しい鍼灸医を探した。それがそもそも悲劇の始まりだった。温厚そうで、先生ぶるようなところもなく、鍼と電気で丁寧に治療してくれる。ただ、これまでの鍼治療なら、傷ついた筋肉の中を分け入るように進んで患部をいじりまわすような感触があるのに、この先生の鍼にはそれがない。患部から遠いところで、鍼がただ病巣を傍観しているように感じられる。「細い鍼で治すのが名医」などと最初は歴史に残る名言に聞こえた科白も、「お尻の筋肉が厚くて、なかなか患部に届かないんです」ということばを聞くに至って、藪医者の自己弁護にしか響かなくなった。

患者にとって、自分を治療してくれる医師が名医であるかどうかはどうでもよい。自分を治してくれるかどうか、それだけが問題なのだ。

一応治療を受けているという安心感から、多少はムリに練習したのが、症状をこじらせてしまう原因になったのかもしれない。しかも、この時期は治療の時間も捻出できないほど仕事に追いまくられた時期でもあった。四十代の前半は、全日本マスターズの連続出場記録が途切れないようにするためだけに出場した。大分の大会では砲丸投げも兼ねている選手とビり争いをするような状態だった。

陸上競技には記録と順位がある。記録は破られるが、一度獲得した順位は、不正や誤審があってそれが明らかにされるようなことがないかぎり、けっして覆ることはない。

まして、マスターズともなれば、年齢別の世界記録を出せる可能性は残っていても、自身の生涯記録を塗り替える可能性はもはや残されていない。

だから、人は記録にもまして順位を大切にする。

だが、その順位もまた相対的で、実にあやういものでしかない。

十年に及ぶ故障に陥り、ろくに練習ができなくなった年、神はまるで私に長年の精進をねぎらい、退職金にも似たご褒美をくれるかのように、大阪府選手権の銅メダルをくれた。自分がいちばん強かったときには五位にしかなれなかったのに、故障して記録が落ちたとたん、三位になることができた。しかも、八月の近畿選手権でも三位に入ることができた。

それも日本選手権者の田上選手と、アジア選手権二位の渕田選手に次ぐもので、私にとってこのうえない勲章である。ただ、レースの出来がいいわけではない。粘りに粘ってたまたま暑さのために実力が発揮できなかった選手を拾っていった結果の話で、実力が評価されたわけではない。

だから、私はこの三位を実力の証ではなく、これまでの労いだと思っている。世界マスターズ選手権でも、四度入賞することができたけれども、いちばん手応えのあったのは、まさにリッチョーネの一〇位である。

故障から十年、ようやく腰のなかに何か核のように居座っていたものがとれ、練習量も回復してきた。二〇〇一年のブリスベン（オーストラリア）大会に参加し、故障で練習できなかった間に広がってしまった世界との差を確認することができた。

練習も本格化してきた。

ようやく毎日二〇キロの練習ができるようになり、これ以上やれば故障するのではないかと思えるぎりぎりまで追い込んだ。三〇キロのレースに備えて一日四〇キロを歩いたこともある。そうして迎えた世界マスターズロード選手権だった。

仕事に追いまくられ、海外旅行などとても行けなかった三十代後半から四十代前半。思えば、イタリアの地、そればかりかヨーロッパの地を踏むのは実に一七年ぶりのことだった。

実にいろいろな思い、多層的な時間がないまぜになっている。結果は一〇キロも三〇キロもともに一〇位であったが、私としてはいちばん満足している。これだけやって一〇位にしかなれなかったら、それが世界なのだから、自分にはもうどうすることもできない。悔しさは微塵もない。そんな強い世界を全身で感じることができたのも、ここまで練習ができたからで、それがなければ世界はただ自分の前をいつもの風と同じように通りすぎていったにちがいない。

現役選手は一生のうちいちばん強い時期に世界と勝負するが、マスターズになると、一生、人生そっくりそのままの勝負になる。優れた遺伝子を受け継いだだけではだめで、経済的にも安定し、仕事に余裕がなければならない。人間、歳を取れば、それだけ体にもガタがくる。あちこちにボロが出て、病気にもなりやすくなる。

だからこそ、現役時代に強かった選手、若いころに強かった選手を負かすチャンスも生まれてくる。そう思ってやっているのだが、逆にこちらが怪我や病気に悩まされて、もともとつけられていた差をいっそう広げられてしまうということもある。

アジアも世界も、万全の状態で臨めたことはほとんどない。仕事の手を緩めれば多少はましになるのだが、それでは遠征費用が捻出できない。故障も不調も、何もかもが実力なのだ。また、それだから、マスターズは面白い。

二〇〇一年のブリスベンは、一〇年来の故障がようやく直り、昔のような練習ができつつある時期だった。一六位は仕方がない。マレーシアやインドのアジア勢には負けなかった。ヨーロッパ勢でも私と実力がそう変わらない選手が何人もいる。あとは精進あるのみ。こうして、二〇〇三年のプエルトリコはメダル獲りの舞台になるはずだった。ところが、二〇〇二年の世界マスターズロード選手権リッチョーネ大会の好調を維持することはできなかった。

脱水症状から痛風の発作を起こしてしまったのは、不運と言えば不運だけれども、充実した練習ができた時期で、どこかにその練習量にムリがあり、私の体が耐えられなかったということでもある。広い意味ではそれが実力と言うほかない。この痛風、最初は機械的な故障だと思ってしかるべき治療ができず、長い間練習ができなかった。せっかく積み上げた「貯金」をこれで全部使い果たした。それでも夏以降に立て直して、翌年の世界ロード選手権、オークランド大会では三〇キロで六位に食い込んだが、その直後、ひどい気管支炎に悩まされ、翌二〇〇五年には下部消化管の出血からへモグロビン量が正常値の半分になるという貧血で、出場はおろか、医者から渡航すら止められかねない状態だった。だから、このときの二五位は仕方がない。

二〇〇七年はまた、暑さきびしい夏だった。恵まれた環境にある実業団の選手なら、涼しい土地で合宿して、じっくりと歩きこむのだろうけれども、私のような選手はそうはいかない。いつも生活をひきずっている。二〇キロのスタミナを考えると、一日一五キロは歩きたいが、この暑さでは体がまいってしまう。そこで、一日置きに二〇キロを歩くという賭けに出た。この方法はあとで考えると、けっこう成功したように思える。気温もけっこう高く、勾配もきついコースで二時間〇五分〇二秒で歩けたのは自分なりに評価できる。順位は伸びなかったが、最後の調整とレース展開に失敗したためだ。

二〇〇九年のラハティも思惑がはずれた。八位入賞をめざし、すぐ目の前に八位の選手を見ながら、後半失速してしまった。年齢と練習の仕方のどこかが噛み合っていないのだ。練習が足りなければスタミナが切れる。やりすぎれば体をこわす。若いときなら、匙加減がわかっているが、歳を取ると、毎年自分の体の声を聞かないといけない。

七月のラハティでは失敗したが、一〇月の北上二〇キロでは、後半が前半より二分も速い後半型のレースで二時間九分台で歩くことができた。

なかなかパッとしたレースはできない。世界の順位も、着実に上がってきているわけではない。記録は年々というわけではないけれども、やはり落ちている。落ちる一方である。記録は落ちる。順位は上がらない。いいことはひとつもないように思えるけれども、世界は近づいているという気がする。慢心なんかではない。欲目でもない。世界は近づいている。

結局は追いつけず、最後には自分の方が失速してしまって、八位を目の前に見ながら一八位終わってしまったラハティ。一〇キロのレースなのに、後半は二〇キロでしか味わったことのないようなスタミナ切れを起こしながら、六位に入れた二〇一〇年のカムループス。

若いころの世界はもっと強かった。世界には、私のような選手など、まったく寄せ付けず、もしかしたら勝てるかもしれないという期待など、とても抱かせてくれない圧倒的な強さがあった。ところが、そういったものが感じられなくなった。

だれもが年老いている。力の衰えは隠せない。これからは体調管理の勝負になるかもしれない。若いころのようにがむしゃらに練習すればいいというものではない。

データはない。

データのないところで、創意工夫、いやむしろ、肉体と外界との関係を感じ取る直観が要求される。これはもしかしたら、生涯を賭けた面白い戦いになるかもしれない。

アジアマスターズ陸上選手権大会			
第1回	1981	シンガポール	
第2回	1983	ニューデリー(インド)	
第3回	1985	シンガポール	
第4回	1986	ジャカルタ(インドネシア)	
第5回	1988	台南市(台湾)	
第6回	1990	クアラルンプル(マレーシア)	
第7回	1992	シンガポール	
第8回	1994	ジャカルタ(インドネシア)	
第9回	1996	ソウル(韓国)	
第10回	1998	沖縄(日本)	5000メートル4位
第11回	2000	バンガロール(インド)	5000メートル4位
第12回	2002	大連(中国)	5000メートル2位
第13回	2004	バンコク(タイ)	5000メートル4位
第14回	2006	ベンガルル(インド)	5000メートル6位
第15回	2009	チェンマイ(タイ)	
第16回	2010	クアラルンプル(マレーシア)	5000メートル5位
第17回	2012	台北(台湾)	

世界マスターズロード選手権大会			
第1回	1992	バーミンガム(イギリス)	
第2回	1994	トロント(カナダ)	
第3回	1996	ブルージュ(ベルギー)	
第4回	1998	明石(日本)	
第5回	2000	バジャドリー(スペイン)	
第6回	2002	リッチョーネ(イタリア)	10キロ10位、30キロ10位
第7回	2004	オークランド(ニュージーランド)	30キロ6位

世界マスターズ陸上競技選手権大会

第１回	1975	トロント（カナダ）	
第２回	1977	イェーテボリ（スウェーデン）	
第３回	1979	ハノーバー（西ドイツ）	
第４回	1981	クライストチャーチ（ニュージーランド）	
第５回	1983	サンファン（プエルトリコ）	
第６回	1985	ローマ（イタリア）	
第７回	1987	メルボルン（オーストラリア）	
第８回	1989	ユージン（アメリカ）	
第９回	1991	ツルク（フィンランド）	
第10回	1993	宮崎（日本）	20キロ16位
第11回	1995	バッファロー（アメリカ）	
第12回	1997	ダーバン（南アフリカ）	
第13回	1999	ゲーツヘッド（イギリス）	
第14回	2001	ブリスベン（オーストラリア）	5000メートル16位
第15回	2003	サンファン（プエルトリコ）	20キロ6位
第16回	2005	サンセバスチアン（スペイン）	20キロ25位
第17回	2007	リッチョーネ（イタリア）	20キロ17位
第18回	2009	ラハティ（フィンランド）	20キロ18位
第19回	2011	サクラメント（アメリカ）	
第20回	2013	ポルトアレグレ（ブラジル）	
第21回	2015	リヨン（フランス）	

世界マスターズ室内選手権大会

第１回	2004	（ドイツ）	
第２回	2006	リンツ（オーストリア）	3000メートル15位、 10キロ18位
第３回	2008	クレルモンフェラン（フランス）	3000メートル14位
第４回	2010	カムループス（カナダ）	3000メートル7位、 10キロ6位
第５回	2012	ユヴァスキュラ（フィンランド）	

7
朝原、為末両選手とともに、大阪スポーツ賞

実は、次のなかに本当に私の身に起きたことがあります。さて、それはどれでしょう。

□ 全日本で優勝
□ 日本記録樹立
□ アジアで銀メダル
□ 国際大会で銀メダル
□ 現在も日本記録保持者
□ 世界大会四回入賞
□ 朝原、為末両選手とともに大阪スポーツ賞

どれもみな凄いことです。このなかに正解があるとはとても思えないはずです。何しろ、前にも書いたように、高校時代には、大阪府の、しかもさらにそれを小さく分割した学区で、高々五位入賞の実績がある程度の選手です。日本記録はおろか、全日本で優勝なんて、ちゃんちゃらおかしい。まして、アジアや世界なんて、夢のまた夢。かと言って、オリンピックや世界選手権の銅メダリストと並んで大阪スポーツ賞というのも、浮世離れしています。だれだって、そう思うでしょう。きわめて常識的な感覚です。私だって、競歩を始めなか

ったら、どれもこれもまったく手の届かないところにあるものばかりでした。

ところが何と、ここに書いたこと、七つとも正解なのです。

「私って凄い」ということではないのです。凄いのは競歩です。そして、マスターズ。

競歩だけでも、高校時代にはとても行き着くことができなかったところまで行くことができました。中長距離では大阪府第四学区の五位までしか行けなかった選手が、心肺機能だけでなく技術で勝負できる競歩という競技を知ったことによって、それから二〇年を経た三七歳の時に、大阪府選手権、近畿選手権ともに三位に入ることができたのです。

それはそれで私には十分だと思えました。

□　全日本で優勝

□　日本記録樹立

しかし、夢はそれで終わらなかったのです。近畿選手権三位入賞の前年、第一〇回を迎えた全日本マスターズ陸上選手権に、競歩種目が採用されることになりました。当時は三〇〇〇メートル。優勝すれば、その記録が日本記録になります。

私は色めきたちました。まさか、たとえ年齢別にせよ、この自分が日本記録保持者になるなんて。

こうして迎えた当日、M45の選手が飛ばして、私がつく形になった時点で、M35の勝負はついていました。一四分一三秒一〇、楽勝でした。これで「全日本で優勝」と「日本記録樹立」は実現。ただ、日本記録保持者にはなったものの、日本新記録を作ったことにはなりません。これには翌年、大阪マスターズ記録会（関西大学陸上競技場）で一四分〇二秒七を出して実現しました。

□　アジアで銀メダル
□　国際大会で銀メダル

「アジアで銀メダル」と「国際大会で銀メダル」は、「八　アジアと世界の胃袋」に書いた通りです。

□　現在も日本記録保持者

日本記録保持者になったのが一九八九年。翌一九九〇年にこれを更新しました。日本記録保持者の座にあったのは二年ほどで、次の年の近畿マスターズ選手権で自らの目の前で破られてしまいました。

以来、一度も日本記録保持者に返り咲くことはありませんでした。いや、もはや絶対にあるまいと思っていたら、その日は再びめぐってきました。一〇キロ道路の記録が公認されることになり、M55一〇キロの日本記録保持者として戻ってきたのです。

ただし、記録保持者とはいちばん速い者を意味するのではなく、一定の決まり事の範囲内でいちばんいい記録を出した者というだけのことにすぎません。だから、こんなことで驕っても仕方がないのですが、ちょっぴり嬉しいことには変わりはありません。

□ 世界大会四回入賞

まあ長くやっておればこれくらいのことはあるだろうというほどの思いです。

マスコミなんかは一〇位台の成績をあまり高く評価してくれませんが、私にはいつも、入賞はできなくてもいいから、一〇位台は確保しておきたいという思いがあります。短距離の準決勝に進めるのは一六人で、準決勝まで進めばそれなりに評価されることを考えても、それには意味があります。二〇位ではちょっとダメだけれども、一〇位台に入っておれば、次につながります。一〇位台を何度も重ねていけば、あとは時の運ですから、八位入賞ぐらいはころがりこんでくるのです。

□　朝原、為末両選手とともに大阪スポーツ賞

ある意味では「朝原、為末両選手とともに大阪スポーツ賞」がいちばん凄いことかもしれません。実は最優秀選手賞というのがあって、朝原選手も為末選手も私と同じ優秀選手賞なので、まさに同列です。もちろん、本来の実績や実力まで同列だなどとは夢にも思っていないけれども、そう思っていないからこそ、天にも昇る気分なのです。本当に同列だったら、取り立てて書く必要もないでしょう。たとえ束の間でもそんな夢を見させてくれるのもマスターズの特権であり、魅力なのです。

要するに何のことはありません。大阪スポーツ賞にマスターズ枠ができたというだけのことです。ちなみに、このときには水泳の寺川綾が代表で副知事から表彰を受けています。

見果てぬ夢、その夢を見果てるほどに見せてくれるのもマスターズならではのことなのです。

8 アジアと世界の胃袋

――アジアで、世界で、食を愉しむ――

デリーの空港は異様な空気に包まれていた。ほとんど異臭とも言えるガソリンの臭いが漂うなか、出口には、浅黒い肌をした人たちが壁のように立ちはだかっていた。家族や知人を出迎えにきたのだろうということは容易にわかるけれども、感覚を司る器官がほんの少し妄想に憑かれでもしたら、われわれを待ち構え、何が何でも逃がすまいとする暴徒に見えてもおかしくはなかった。

入国手続きを終えると、慌しくバスに詰め込まれ、何やら得体の知れない空気のために白く濁った闇の中を、仮眠を取るだけのホテルに運ばれる。薄もやのかかったデリーの街は都会と野生動物の棲息地とが節操なく入り乱れ、幻とも現実ともつかない象の姿が浮かび上がる。レースを間近に控えながら、これまであまり経験したことのないお腹の不調をかかえ、しかもどんな料理が出てくるかもわからないこの国で、心細さは増すばかりだった。

二時起きの翌日は、レースが早朝にあるために四時起きだった。本来ならレースの五時間前には起きていなければならないのだが、この強行日程からくる睡眠不足ではそうも言ってられなかった。さすがにレース当日の朝はパンと、差しさわりのないものにとどめたが、インドで生活するのにいわゆるカレーは避けて通れない。褐色を帯び、その褐色の深さが、香辛料の豊富さと多彩さを物語る。口中の粘膜を刺激する辛さ。口中が刺激され、それが、自分では知ることのできない内臓に至ると、仮眠から目覚めてもいっこうに睡魔から自由にならない体を、何やら底の方から熱くする。いたぶられているという感覚はない。癒されている。この微熱にも似た徴候が、病毒を中和し、流し出してくれるように感じられる。香辛料はスパイスとも呼ばれ、漢字の別名があるものが多い。だから漢方薬でもある。

インドに発つ前の腹痛は、荒療治とも言える香辛料漬けの毎日でものの見事に治ってしまった。

あれから数年、初めてのインド遠征からは想像もできなかった内容の記事を、ボクはブログに書いている。「食い物の怨み」と題するシリーズである。

食い物の怨み　オーストラリア、ブリスベン編

いにしえより、食い物の怨みは怖ろしいと言う。

できるだけその土地でしか味わえないものを、限られた時間でいかに食べ歩くか。旅行に出

ればそのことしか頭にないボクと妻に、オーストラリアは大きな壁となって立ちはだかった。

まずもって、オーストラリアにはいったい何があるのか、よくわからない。ブリスベンにも中華街があって、現地に溶け込んだというより、本格的な中華が食べられそうだ。一回や二回はそれでいいだろう。問題は、そのあとである。

添乗員も現地ガイドも、広場の近くにある日本料理、いわゆる現地化した中華料理しか教えてくれない。ほかにはイタリア料理風のものがやたらと多い。着いた日の昼は選択の余地なく広場で食べた。夜になって探せば何とかなると思ったが、めぼしいところが見つからず、やはり広場のイタリア料理風のお店。やたらと量が多く、やたらに甘い。

翌日は、同行の日本選手が中国語ができるというので、いっしょに中華街に出かけた。オーストラリアまで来て中国料理もないかと思ったが、味はなかなかのもの。ただ、やはりオーストラリアで中国料理というのがひっかかる。とはいうものの、その夜もあちこち歩き回った挙句、中華街でいかにも中国そのままという店でラーメンを食べるしかなかった。

Bring Your Own

ビールを注文したら、ないと言われた。店を出しなによく見るとＢＹＯと書いてある。

くそっ、アルコール飲料持参せよということか。あのラーメン、アルコールを飲みながら食べたかったなあ。

今度はBYOの店で食べることも視野に入れて、アルコールをしこたま買い込むと、あのtwo dogsが日本のものと全然味がちがってやたらと甘い。赤ワインはまるで赤玉ポートワイン。いや、子どものとき、正月に飲ませてもらった赤玉ポートワインでも、ここまで甘くはなかった。

次の日、たまたま猫に関係のあるものばかりを集めた「猫の店」に行く途中、タイ料理店を見つけた。オーストラリアでタイ料理も何だけど、これでやっと、少なくとも甘くないものが食べられる。ところが、そう思ったのも束の間、オーストラリアという国を見くびっていたようだ。タイ料理であろうが何料理であろうが、料理たるもの量が多く、甘くなければならないらしい。

こうして、胃袋に不義理をしたまま、また一日が過ぎていった。ここまで、ムダに「食べてしまった」国は、オーストラリアをおいてほかにない。

土俵際まで追い込まれたボクたちは、今度は発想の転換をはかり、ブリスベン川の河畔に向った。そうして、いかにも観光客の行きそうなところという先入観を捨て去ってみると、けっこう面白いものが見つかった。生牡蠣と本格的なパスタ。これでようやく一矢報いることができた。

さて、いよいよ現地で手に入れた観光案内をもとに、カンガルー料理の店に乗り込むぞ。

どうもその店は、住宅街に紛れていて、本当にこんなところにレストランがあるのだろうかと思うような場所にあった。いささか胡散臭い感じがしないでもない。思い切って中に入ると、照明がやや暗めであるほかは、ふつうの店とそれほど変らない。

なかなかいいところらしい。ただ、量が心配だった。

そこで「この国はどうも料理の量が多いので」と切り出し、「場合によってはコースをふたりで分けるようなことも」と言おうとすると、ボーイは「大丈夫です。うちはそんなに量は多くないですから。まずはメニューをご覧になってください」と言った。

なるほど、カンガルーだけではない。山鳩もうさぎもある。

あとで妻が「この国の料理は量が多いなんて、よくあんなこと言ったわね」と呆れ顔で言った。

「ううん、まあ、賭けだったかな」

まあ、ボクらと自分たちの体格を比べれば、それくらいのことは納得してもらえるだろう。

それに、どこもかしこも量だけで勝負する店が多いなか、ほかでは食べられないものを選りすぐって出しているというボーイの誇りも感じられた。ボクの一言で悪い印象を与えてしまったような様子はなかった。

カンガルーの肉は、かなり苦労して香辛料で臭みを消しているという印象があったものの、けっこうやわらかくておいしかった。そのうえに、微妙な歯ごたえの山鳩とうさぎ。

食事が終ると、コーヒーにしますか、アルコールにしますかと訊かれる。この国では、いったん食事が終ったあと、改めて「飲み」にかかる人も多い。

そういう人たちの振る舞いが、照明と相まって実に優雅に見える。

これまで食事に恵まれなかった分を、それこそ何日分も一気に取り戻した感じだった。

「で、どうしてそれが食い物の怨みなんですか」と訊かれそうだ。

いい質問だね。

今までさんざん量と甘さに悩まされてきて、これだけの店を見つけたのだから、たとえ素面でも他人に話したくなるのが人情というものである。まして、ほろ酔い加減。ホテルに帰ると添乗員さんがいたので、さっそく聞いてもらえるぞ。

ところが、どうも様子がおかしい。

その添乗員さん、選手の一人から苦情攻めに遭っている。

傍で聞いていると、自分のミスでレースに出られなかったのをＪＴＢの責任にしているらしい。

「そりゃあ、基本的な手続きは全部やってもらいましたよ。でも、私が走り幅跳びに出ている間に二〇〇メートルのコールが終ってしまい、結局出られなかったじゃないですか。（それは自己責任。）ほかに安い旅行社いっぱいあるんですよ。友人がいっしょに行こうというからＪＴＢにしたんです。それだけのお金を払ってですよ、競技参加のそういう細かいことをですよ、われわれがしくじらないように気をつけてくれないと、何のために高いお金を払ったか、わからないじゃないですか。（あんまり関係ないと思う。）何もねえ、金メダルや銀メダルがどうのこうのと言うんじゃないんですよ。（言ってると思うんですけど。）私の七〇歳の記録をこのオーストラリアの地に残すことが重要なんです。私を送り出してくれた会社の人たちに何と言えばいいんですか」

（ブログの途中ですが、この科白が何回も何回も繰り返されまして、長い時間が経過したことをお伝えしておきます。）

結局、添乗員さんとは話ができないまま、あきらめて部屋に帰ることになった。

胃袋はおいしいものをみな消化してくれた。それなのに、頭の中に消化しきれないものがいつまでも残った何とも不思議な夕食だった。

食い物の怨み　プエルトリコ編

プエルトリコの首都サンフアンは、スペインがつくった旧市街と、アメリカがつくった旧市街とに分かれていて、その間がやたらと離れている。

マドリーに一泊して、そこからさらに十一時間の長旅。ホテルは空港から近い方がよいとごく単純に考えていて、ＪＴＢに特別な注文はつけなかった。それに一応、競技にやってきたからには日本選手団と離れたホテルでは何かと都合が悪い。

メキシコ料理店などがあるとは聞いていたが、ボクたちの求めるものは旧市街に行かないとなかった。日中は四〇度近くになるなか、毎日のように一〇キロ近い距離を往復した。

日本選手団についてくるＪＴＢの人たちはたいてい、日本料理と中華しか教えてくれない。もともと、ＪＴＢがそれでいいと思っているためなのか、それとも、これまでの選手団がことごとく、現地に特有のものよりも、馴染みのある食事を好んできたためなのか、そのあたりはよくわからない。

それにしても、ここプエルトリコはもとスペインの領土。米を使った料理も多く、日本人の口に合うものがいくらでも見つかるはずだ。ハナからそれを放棄して、ひたすら無難なものを求めるのは実に味気ない。

日本人の食わず嫌いはイタリアのリッチョーネで証明済みだ。

こっちがおいしいものを見つけてきて教えてあげたり、注文してあげたりすれば、必ずみんな喜んでくれる。

どこまでが、あとからやってきたアメリカの影響を受けたものかはわからないが、旧市街からやや離れたところに、豪快なまぐろのタタキがあった。大きな塊が三つも入っている。これはあまり一般向きではない。第一、食べきれない。

いちばんよかったのが、雑炊に近いアソパオという料理。なかでもイカスミのアソパオが最高だった。

その情報を伝えると、今度は添乗員が選手を引き連れて食べに行くという流れになる。いったい、ボクらは添乗員の何なのだ。

市内の全容をほぼ把握し、残された日数でいったいあとどれだけのものが食べられるか。一度一度の食事がまさに真剣勝負そのものになる。

ところが、突然懇親会の話が持ち上がり、意見を言う間もなく、会場は中華料理を出すホテルに決まっていた。しかも、会費一人五〇ドル。旧市街のおいしいところでも、二人でフルコースにワインをつけて八〇ドルで収まっていたのに、アルコール抜きの値段で二人で一〇〇ドル。しかも、それが日本じゃとても商売にならないような味付けだ。

確かにある程度のまとまった人数を収容できる店はそう多くはないかもしれない。店の予約をした添乗員は（ＪＴＢで悪の三点セットと呼ばれている）襟なし、短パン、サンダル履きで下見に行って、一度追い返されたという。それくらいなら、もう少し探す余地があったのではないか。何なら、こちらに一度声をかけてくれてもよかったのではないかと思う。だれもが、この土地の中華、なかでもその店の中華をどうしても食べたいというのなら話は別だが、だれ一人そんなことを思っている人はいない。

それなら、なるべく現地の特色が出た料理で、日本人の口にも合うものの方が、のちのちの思い出にもなろうというものだ。


ボクたちはサンフアンには六泊の予定で来た。ということは、夕食は五回しか食べることができないということだ。数時間で着いてしまう東南アジアとちがって、この次いつ来ることができるかわからない。もしかしたら、もう二度と来ることはないかもしれない。

その五回のうち一回がこうして奪われてしまった。

食い物の怨み　オークランド編

二〇〇六年からは室内選手権に吸収されるかたちになったため、二〇〇四年のオークランド大会が、世界マスターズロード選手権としては最後の大会になった。

日本選手団はわずか四名、これに妻を加えて五名が先に出発、あとから団長と、団長つきの通訳が息子さんといっしょに来ることになった。

三〇キロ競歩に参加したボクは、日本では考えられない路面の傾斜に苦しみながら、三時間一一分一九秒で六位に入ることができた。前年のプエルトリコ大会二〇キロに続いて二度目の世界一桁順位だ。それにしても、握手を求めてきたニュージーランドの選手の一言。

Well done.

これには驚いた。ボク、ステーキじゃないんだけど。でも、文字通り大阪語に置き換えればよくわかる。「ようやったなぁ」

ニュージーランドの料理はどの店もオーストラリアとは比べ物にならないほど量が少なかった。ヨーロッパの料理を土台に、店によって太平洋の島々、インドネシアやタイなどの素材や料理法を採り入れているようなところがあって、毎回の食事がとても楽しみだった。

それに、海外に来てまで日本料理なんてと思っているボクたちにも、ここオークランドではそんなこだわりはまったく無意味であることがわかった。ごくふつうの白人が経営している店にもお寿司や刺身のメニューがちゃんとある。

それなら、日本料理店を敬遠する理由は何もない。日本では食べられない海の幸をナマで食べるには、むしろ日本料理店の方がいいかもしれない。その狙いは見事的中した。と言うほどのことでもないか。

日本でもまず口にできない肉厚の海老、とりどりの貝、英語で名前を教えてもらってもほとんど意味のない白身の魚。そればかりではない。ダチョウの刺身、これがまたうまい。馬刺しを赤味だけにして、もう少しやわらかくしたような感じで、くせもほとんどない。

これなら、今までずっと頭痛のタネだった懇親会も無事切り抜けることができるかもしれない。

(この時なぜか、朝食のバイキングで塩辛いベーコンを一〇枚近く皿に取っている映像がちらついた。通訳の息子である。)

懇親会の参加者はボクたちのほか、団長、監督ほか選手二名、現地ガイド、通訳、その息子の九名になる。知らぬ間に不本意な場所に決まってしまうくらいなら、いっそこの前の日本料理店で、海の幸を満喫するのが得策だ。あのダチョウも、もう一度食べたい。

そこで、先手を打って現地ガイドと相談し、場所を押さえてもらうことにした。

今度はこの前食べることができなかった海老や貝を思い切り注文しようと、喜び勇んで店に赴くと、予期せぬ事態が待ち受けていた。

一応、寿司とサラダ、ちょっとした刺身と天ぷら盛り合わせに、味噌汁とごはんをつけてもらって、一人三〇ドルで収まるように手配しておいたから。(日本でも食べられるようなものばかり、安くあがるようにセットしたものばかりだった。)

ガーン。その団長のことばで、一気に地獄に突き落とされた。

どうもそれは、親子連れの通訳のことも考えて、安い料金でおなかいっぱい食べてもらうための計らいでもあるらしかった。

朝食のバイキングで塩辛いベーコンを一〇枚近く取っていった男の子の映像。それこそが、まさにこの日の伏線であったわけだ。

あとは料金自分持ちで、好きなものを注文してくれと言われても、みなの手前、そうそう目立つようなこともできない。それに、これだけあれば、もうそれだけでおなかがいっぱいになってしまう。

ダチョウよ、さらば。おいしい海老よ、さようなら。まだ見ぬ貝たちよ、この次、いつとも知れぬニュージーランド再訪の日まで、ごきげんよう。

ここまででも「食い物の怨み」ネタとしては十分すぎるほどだ。ところが、団長の一言がそれに追い討ちをかける。

この近くにクラブがあるから、一人予算五〇ドルで飲みに、どや、いっしょに。

安くあげるのだけが目的なら、それなりに我慢もしよう。しかし、そのあとにこんなことを考えていたのなら、許せない。

そんなことにあと五〇ドル使うくらいなら、頼むからこの店で八〇ドル使わせてくでえ。

よく話を聞いてみると、別にクラブで飲みたかったわけではなく、あともう少しワインでも飲みたかっただけの話で、その辺の立ち飲みでは、どうやって注文していいかわからない。ただ、それだけのことだった。

ワインくらい、銘柄なんかわからなくたって、適当にお勧めのもの出してもらえよ。

結局、立ち飲みでボクが二五ドルのワインを一本注文して、それを分けて飲んだら、みなご機嫌で帰って行った。ボクたちだけがいつまでも不機嫌だった。

若いころ、レースで力を発揮できるかどうかは、どれだけ練習ができているかよりも、当日のお腹の調子がどうかにかかっていた。途中でお腹が痛くなったり、便意を催したりして、最後のふんばりがきかず、あれさえなければと思うこともしばしばだった。だから、高校を卒業してしばらく陸上から遠ざかったのち、再び走り始めたときも、レース前の食事にはとても神経質だった。前日にビールを一本飲んだだけでも、次の日に何か影響があるのではないかと気になった。

そんなわけだから、レースのための遠征が、同時に食事を愉しむ場になるなど、想像すらできなかった。

日本では、全国どこへ行ってもそれほど変わった食事があるわけではないので、遠征が美食の場になるまで、そう長くはかからなかった。しかし、海外ともなれば、事情は別である。

弟がボストンマラソンに参加したとき、アメリカの食事は脂っこいものばかりで、これではレースに差し支えると、仲間と日本料理店を探した。ところが、どの店も日本人で満員で、中華ならそれなりのものが出てくるだろうと思ったらしい。それが日本の中華などとは大違いのものばかりで、結局はそれまでの料理と変わらない脂っこいものばかりだったという。

そう。海外では、しかもレースを控えているともなれば、おいしい食事をしようなどと思ってはならない。ひたすらレースのことを考え、レースのためだけに料理を選び、レースのためだけに食べる。それがスポーツ選手の常識にちがいない。

けれども、われわれはもう現役の選手ではない。現役時代なら、活躍できる時間がかぎられている。オリンピックで勝とうとすれば、チャンスは一度しかないと思わなくてはいけない。あっても二度。三度もチャンスがめぐってくるなどとはゆめ思ってはならない。

それにひきかえ、マスターズの選手には、いつまでもチャンスがある。四十代で勝てなければ、五十代がある。それでダメなら、六十代、七十代がある。生きているかぎり夢は終わらない。

今、自分がいる土地はもう一生来ることのできない土地であるかもしれない。目の前にしている料理は、これを逃したら一生口にすることができない料理であるかもしれない。それならば、ちょっとした時の運に左右されるレースを案じるよりは、食べたいものを食べ、そのために勝負に負けるようなことがあっても、それはそれでいいではないか。そういう気持ちになれれば、しめたものだ。

いい加減な態度で勝負に臨めと言っているのではない。トリノオリンピックのとき、荒川静香はどうも最初から勝負を捨てて観光に来ているのではないかと酷評されたことがある。高橋尚子は大事なレースの前だというのに、音楽を聴き、それに合わせて踊っていた。結果はどちらも知っての通りである。

インドでは日本料理店などというものはなく、とにかく出されるものを食べるしかなかった。出発前にあれだけ調子の悪かったお腹が、ものの見事に治ってしまったのも、インド料理にハマるきっかけになった。

レースそのものはいったん三位に上がったものの、最後の直線で抜き返されメダルを逃してしまったが、あとはインドの料理を存分に愉しんだ。

生野菜のサラダに、日本なら相当臭みの強い肉にしか使わないような香辛料を使ってある。抵抗を覚えたのは一口目だけだった。二口目からは、なるほどこれがインドなのか、こんな面白い国はないと思えるようになった。

キングフィッシャーを知ったのもその店で、ビールを注文すると、何やらキングサイズですかと訊かれたように思えた。そりゃあ、大きい方がいい。その通り、大きな瓶が出てきたが、キングフィッシャーは銘柄であることがわかった。ビールもこの刺激と釣り合う味になっている。

思えば、インドでの食体験は、昭和の時代に日本に本格的なインド料理を広めようとした人たちの数十年にわたる苦労を、一週間に凝縮したものとも言えた。じゃがいもやにんじんが入り、とろみのついたカレーに慣れ親しんだ人たちは「こんなカレーがあるか」と怒りだし、月桂樹の葉をゴミだと思いこんで文句を言った客が絶えなかったという。私も、声には出さないものの、自分自身に不満をもらした。でも、それは最初の一口だけである。

日本に帰っても忘れられない。月に何度かはインド料理店に通うようになった。本格的なインド料理には、カルダモン、ターメリック、パプリカ、クミン、コリアンダー、クローブ、ヒング、フェンネル、チャットマサラ、ナツメグ、黒胡椒をはじめ、二〇種類から四〇種類もの香辛料を使うそうだ。

ところが、日本のインド料理店では、インド人が経営する店でも香辛料の使い方に大きな差がある。経費の問題もあり、日本人の口に合わせないと客が来ないという意識からか、安上がりの香辛料ですませている店が少なくない。香辛料を使うということは、ひたすら辛くして、胡椒で舌を痺れさせ、味をごまかすということではない。

もともと好きではなかった日本のカレーはもう食べられない。日本人に食べやすいスパイスでごまかしたものも受け付けなくなった。

それから二年後、中国の大連で雪辱を晴らす舞台を迎えていた。

インド、バンガロールでの四位は、いつまでも忘れられなかった。そういうことを言ってはならないと言う人もいるし、言うのなら死の床で言えと言う人もいるが、残り七〇メートルで私を抜いていった選手は明らかに走っていた。審判がきっちり見てくれておれば、私が勝っていた。その思いが消えることはない。

審判の確かな判断によって救われたレースはいくらでもある。現役時代の近畿選手権では四位でゴールし、帰ろうとしたら、他のチームのコーチに呼び止められた。「失格がいるから、お前三位に入ってるぞ」

二年前に京都であったゴールデンマスターズの三〇〇〇メートル競歩でも、昨年の全日本マスターズでもそうだった。

二年前の京都、中国の選手と日本の選手が先頭争いをしていて、一〇メートルほどしか差がないのだけれども、その二人にどうしても追いつけない。呼吸はもういっぱいの状態で最後の一〇〇メートルを迎えた。三位に終わるのかという思いがよぎった瞬間、もの凄い勢いで私を抜いていった選手がいた。三位すらおぼつかなかったかと思う間もなく、審判がその選手を制止した。そのうえ、中国選手も失格になり、国際大会で銀メダルを獲得することができた。自分の歩型をしっかりと作りあげておかないと、スピードと失格はいつも背中合わせ。それが競歩なのだ。

大連には勝ちに来ていた。

自分でもあきれるほどピリピリしていた。同行の短距離選手から「順位の目標はあるんですか。どうせ、観光でしょうけど」と言われたときには、カチンと来たのなんの、絶対に負けてなるものかと緊張は極限まで高まっていた。

そんなときでも、おいしく食べることだけは忘れなかった。妻がいたからかもしれない。レースに参加しない人間にとっては、ただ夫のレースに付き添うだけの旅など退屈すぎる。ちょうどホテルの一階にいいレストランがあって、燕の巣から、なまこ、アヒルの舌、カエルなど、日本ではちょっと食べられないもの、食べられたとしてもあまりにも高くて手が出ないものを、まさに「食べあさった」。

さすがにレースの日の昼食には日本料理店でうどんを食べたけれども、それ以外はレースのことを考えて選んだものは何ひとつない。

レストランではほとんど日本選手と顔を合わさなかった。後半になって自分たちのレースが全部終わり、打ち上げのようなかたちで来ていた選手はいたが、ふだんは日本料理店で食べるか、朝食のときのパンを取っておいて、それを昼に食べているような選手が多かった。

どの国の審判も自国の選手をひいきする。東南アジアのあるマラソン大会では、先頭を走っていた選手のコーチが自転車でしばらく横を走ったところ、ルールに反する伴走行為と判定され失格になったことがある。アジアマスターズの競歩で何度も優勝している田中利明さんも、先頭でゴールしながら、周回数を一周分少なく数えられていて、もう一周歩かされ、抗議しても覆らなかったことがある。

インドでは出発直後、全選手がいっせいに走り出し、四〇〇メートルをすぎてようやく落ち着いた。ふいをつかれた私は、明らかに格下の選手にも数十メートル離され、一人ずつ根気よく抜いていくしかなかった。そうしてやっとの思いで三位に上がったと思ったら、あの始末だ。まあ、それがアジア。悔しいけれど、怨んではいない。

今度も何が起こるかわからない。今度ももし、みなが走りだして、審判が反則を取ってくれなかったとしたら、走らないまでも、明らかにルールに反する歩き方でスピードを上げたら、自分がルールを守っていたのではとても追いつけないほどのスピードだったとしたら、どう対応すればいいのか。

そんなピリピリした思いを救ってくれたのが、まさに食事の愉しみだった。明日はどんなおいしいものを食べようか。それがなければ、レースまでの数日間、レースの不安にさいなまれ、ひたすらピリピリしていなければならなかった。勝負なんかどうでもいいレースだから、レースのことなんか考えずにおいしいものを食べるというのではなく、勝ちにきたレースだからこそ、レースのことなど考えずに、中国ならではの食を愉しむ必要があったのだ。

レースは驚くほど冷静でいられた。同じレースに出場する選手をじっくりと眺める。筋肉のつきかた、面構えなど、こいつには絶対勝てる。実に粗末な靴をはいている。自分が豊かな国に生まれ育ったから、力も上だというのは申し訳ないけれども、この選手には負けないだろうと思う。

レースは前半が恐ろしく速いものになるだろうと予想していたが、その予想をさらに上回るペースで始まった。飛び出した選手がみなつぶれてもおかしくないほどのペースだった。しかし、これはつくしかない。猛烈なゆさぶりに耐え、我慢して歩いていると、地元中国の選手が前に一人いるだけで、あとははるか後方に消えていた。中国選手との差は一〇メートル、それが縮まらない。抜けそうで抜けない。もし、万一抜いてしまったら、審判たちは私を失格にしてでも、地元選手を優勝させるようにしはしないだろうか。そんな卑屈な思いがよぎる。負けてどうする。勝つために来たのではなかったのか。いや、二位も勝ちのうち。勝負に出て失格にでもなったら元も子もない。そんな葛藤を繰り返すうちにゴールはやってきた。

私は勝った中国選手のところに行って、相手に向って指を一本立て、自分の顔を指して指を二本立てた。ことばは通じなくても、それで不足はなかった。なかなか人のよさそうな選手だった。握手をかわして健闘を称えあった。勝っても負けても、選手はみな友だちなのだ。

優勝こそ逃したものの、アジアのメダルだ。しかも、前半型の壮絶なレースに生き残った末の勲章である。高校生のときのように、食事に神経質になっていたら、精神的に自滅し、メダルはおろか入賞すらおぼつかなかったにちがいない。

以来、海外遠征での食べ歩きがますます深みにはまりこんでいく。いや、そんな俗な言い方では表せない何かがある。自分の舌で現地を感じ、舌の上にアジアの地図、世界の地図を描いていく。地図を眺めるだけでは、世界はただ平板な塗り絵にすぎない。舌を使えば、それが五臓六腑に続いていて、世界が生理的に立体的に浮き上がってくる。

インド、中国の次は二〇〇四年、タイ、バンコクだった。このころになると、現地の料理を日本で先取りしている。タイ料理はインドに行くときに立ち寄ったタイの空港でほんの少し麺を食べたのがきっかけで日本でもタイ料理店を探すようになった。

世界の食事、なかでもアジアの食事は、食文化の先入観を次々に打ち砕いてくれるのがいい。日本料理にも、甘辛いもの、甘酸っぱいものはあるけれども、甘さと酸っぱさと辛さを同時に満たすようなものはない。食べ物として受け付けなかっただけでなく、想像すらできなかった。

私は山葵が大好きで、カツオのたたきも、鰯や鯖、鯵も、およそ生のものなら何でも山葵で食べないと気がすまない人間なのだが、その私をうならせるものがある。クンシェーナムプラーである。生の海老、なかでもブラックタイガーを生ニンニクと青唐辛子で食べさせる。顔をゆがめ、ヒーヒー言いながら食べる。時には辛さに悲鳴を上げた舌をしばし氷水につけて休ませては、また挑戦する。それでもやみつきになる。

このクンシェーナムプラー、その後現地で食べたものは、まさに日本で知っていたのと寸分たがわぬ味だった。日本でも、そういう店を巡りたい。

海外の大会に参加し始めたころは、見知らぬ土地でもあるし、レースを控えた緊張感もあり、旅行社のツアーを利用していたが、ツアーというものをそう杓子定規に考える必要はない。旅も商品にはちがいなく、商品というものには内訳があり、ツアーにしてもその内訳ごとの料金を合計したものにすぎない。だから、とりあえずはツアーに乗りかかりながら、帰途だけは自由に組んでもらうこともできる。

二〇〇六年、リンツの大会では途中、日帰りでチェコの国境を越え、帰りはルーマニアに寄った。そうすると、同じ地続きの三つの国の食事がどこか似通っていて、ひとつにつながってくる。海から遠いところにある分、内陸部の食資源を汲み尽くすようなところがあって、鴨にせよ鯉にせよ、これまでわずらわしいと思えたやや硬めの肉が、むしろ心地よい歯ごたえになり、腹にも響く。ブクレシュチで食べた雉の丸焼き、その肉の硬さや、牛の胃のスープ、何とも言えない臭みが、逆に忘れがたいものになっている。

同じ二〇〇六年の秋、インドのベンガルル大会のときには、バンコク経由でラオスに寄った。ビエンチャンは首都とは思えないほど、昔日の面影を残し、赤米や素朴な魚料理が思い出される。

二〇〇七年はイタリアからチュニジアに飛んだ。このチュニジアの料理も大阪にカルタゴの名を冠したチュニジア料理店があって、機会があればぜひ本場で食べたいと思っていた。チュニジアの料理は基本的に、トルコ、シリア、モロッコなどと同じで、味のちがいはむしろ、シェフに負うところが大きいかもしれない。

このチュニジア行きには大きな誤算が二つあった。ひとつはちょうどチュニジア行きの前にシェフがいったん店を閉めて移転の準備をしていたことだ。

チュニジアと言えば、陸上ファンには忘れられない名前がある。ガムーディ選手である。東京オリンピックの一万メートル、最後の直線に差しかかって、三人の選手が横並びになった。一人は優勝したアメリカのミルズ、もう一人は当時の世界記録保持者、オーストラリアのクラーク。残る一人がそのガムーディ選手だった。残念ながら、このときは優勝を逃がしたが、次のメキシコオリンピック、五〇〇〇メートルでは見事に金メダルを獲得した。チュニジアではガムーディの名を口にするとシェフはとても喜んでくれた。チュニジアでは知らない人はいないという。先ごろ追放された大統領の名は知らなくても、ガムーディを知らない人はいないらしい。今も元気でガソリンスタンドを経営している。

いきなり行くのも何なので、紹介状を書いてもらおうと思っていたら、結局この期間シェフに会えなかったので、この話は消えてしまった。

それともうひとつ、ちょうどラマダンに入っていることを失念していた。そのときのことも書いてみたいけれども、そこまで書き出したら、一冊の本が何ページあっても終わらない。

二〇〇九年はフィンランドのラハティからアイスランドの地を踏んだ。巨大な滝を見上げるのではなく、見下ろすことができるような自然、地面から数十メートルの高さに噴出す水蒸気など、景観ではこれまでの旅で最高だった。

ミンククジラの串焼きやココナツミルクを使い、具のたっぷり入った蟹のスープ。そんな体験がいつも競技のあとについている。

実は一度だけ、期せずして本末転倒になってしまったのが二〇〇八年、タイ、チェンマイで予定されていたアジアマスターズである。

このときは、競技のあと、インドネシアのデンパサールを経由して東ティモールに行く旅程を組んでいた。ところが、いよいよ出発まで数日という段になって、バンコクの空港が封鎖された。バンコクからチェンマイに行けないのはもちろん、バンコクにすら入れない。競技は翌二〇〇九年の一月に延期となった。仕事の段取りを今さら動かすことはできない。

そこで旅行社の人とも相談した結果、航空会社をタイ航空からガルーダに変えて直接デンパサールに入り、競技のおまけにすぎない東ティモール旅行の行程だけを残すことにした。

独立戦争が終結してまだ日の浅い首都のディリ、「渡航の是非を検討してください」に分類されているだけあって、泊まったホテルは国連警察とオーストラリア、ニュージーランドの警官ばかり。観光客などの来るところではない。

ホテルの中庭にはプールもあって、バナナが生い茂っている。その中庭からいきなり、大きなガラス張りの部屋に続いていて、廊下もなければ、木製や金属製のドアもない。シャワーの水はいつまでたっても黄土色に濁ったままだ。

戦争で破壊された二階部分を残したまま、一階で営業している商店もある。中は戦後間もないころの日本に時間を遡ったような空間が広がっている。

ラジオや洗濯機、掃除機など、日本製品の中古を一度アジアの国で使って、そのまた中古を並べたような品揃えだ。とにかくにも物がない。生活に必要なものをかき集め、陳列棚がなければ被災地の支援物資と見まがうようなものが並べられている。

首都ディリで唯一の書店が、少し大きめのほんの一部屋の大きさしかなく、しかも図書館を兼ねている。体系的に集めたものは何もなく、来るものは拒まずの姿勢で臨んでいる。日本製品のカタログまでがりっぱな書籍として、文献として並んでいる。

現地語のテトゥン語に、インドネシア語、ポルトガル語、英語を加えた四言語が公用語になっているが、同じく四言語が公用語になっているスイスなどとちがって、四言語どころか、二言語ができる人もほとんどいない。

食事も、四つの文化の融合と言うより、素性のよくわからないものもある。すぐそこに海があっても、大きな漁港があるわけでもなく、海の幸を満喫というわけにはいかない。ホテルの二階にあるレストランでは、野菜炒めとも焼きそばともつかないものには、厚揚げのようなものが入っていて、インドネシア料理のガドガドを思わせる。ポルトガル料理と銘打っているものもあって、三〇年近くも前に訪れたポルトガルの日々がちょっぴり思いだされたが、東ティモール独特のものにはなかなか行き着けない。それでも、街を歩いていると、郷土料理店を思わせるレストランがある。インドネシアの水上の家の二階部分だけが陸上にあるような感じで、ココナツミルクの入った蟹のスープは、タイのものにも、インドネシアのものにも似ていながら、そのどれでもない。

淡いレンガ色の白濁したスープ。これまでアジアを旅した経験と、書物から仕入れたわずかばかりの知識が、その辛さによっていっそう刺激される。

思えば、ここは何千キロにわたって連なるインドネシアの島々の東の果て。すぐそこにニューギニアがあり、南はオーストラリア。何とも不思議な旅だけが、ちょうど、この小さな島が大海にぽっかり浮かんでいるように、競技から切り離されて、独り取り残されてしまった。

競技は大切だ。けっしていい加減に考えているわけではない。自分でこうだと思う歩型を追求し、スピードを求めるからには、自分なりに妥協を排している。けっしていい加減な歩型では歩かない。しかし、それはそれ、これはこれ。人生というものをもっと広い視野から眺めたいと思う。

短距離の選手だと、一〇〇メートルがダメでも二〇〇がある。ハードルがある。投擲の選手なら、槍で負けても円盤がある。一方、私には競歩で負けても食事がある。観光がある。そのくらいの気持ちで来ている。

人生とはそういうものではないか。マスターズ陸上はまさに人生そのものである。

9
室内競技の魅力

中欧には独特の翳がある。リンツの上空にさしかかるころには、夜の帳が降りかけていた。初めての土地に向うときはいつも心細い。闇がその心細さに追い討ちをかける。空港で拾ったタクシーは時間すら遡るかのように、山奥へ、一時代前の山里へと入り込む。針葉樹の森はうっすらと雪をかぶっている。道路脇にも溶けきれない雪が残っている。

宿舎はドナウの畔にあった。

暖房設備だけが肥大したその宿で一夜を明かすと、地図だけを手がかりに目的の場所に向う。小さな町はたちまち山の中へと続く一本の細い道に姿を変える。その先にはもう何も待っているものはないように思える。

どう考えても陸上競技の大会に来たとは思えないようなことばかりだ。坂はますます急峻さを増し、通り過ぎる車もまばらになる。人家が途切れ、あとは山の中に入っていくしかない。

そうしてさしかかった三叉路、強引に左に曲がっている道がある。あまりの傾斜に頂上は見えないが、何かがありそうな予感はある。ただ、そこに陸上競技場があるとはとても思えない。陸上競技場とは、町や時には村の果てに広大な面積を占め、時には高台に城のように聳えているものではなかったか。この坂の果てにはせいぜい小さな御殿ほどのものが肩身の狭い思いをしながら、かろうじて収まるほどの余地しかないはずだ。

それがどうだろう。上りきったところには、魔法の壷の中に広がる別世界のように、物理法則を超えた空間が広がっていた。
室内に入ると、空間の次元は一気に高まった。
まさに豊穣で、張り詰めた空間がそこにあった。

一周二〇〇メートル、一瞬たりとも気を抜くことができないレース。観客との距離の近さ。何もかもが凝縮されている。

今まで、こんなことがなぜなかったのだろうか。
ふつうはトラックの一周が四〇〇メートルだから、その半分しかない。四〇〇メートルのトラックは、よく言えば広々としていて、調子が悪ければ悪いほど広く見える。広いだけではなく、索莫としている。記録が出るときにはこの四〇〇メートルが三〇〇メートルに見えるけれども、記録が悪いときには距離が長いのではないかと勘ぐりたくなる。周囲に観客席があるにはあるが、だれもが自分のことなどかまってくれない。今目の前に展開しているレースなどそっちのけで、だれもがこれから試技に入ろうとする棒高跳びの選手に注目している。集団から大きく取り残されている姿を、蔑みの目で見られるのもいやだけれども、こんなに苦しい思いをしてがんばっているのにだれもが何の関心も示してくれないのも、悲しいものである。周りの選手に対する声援は聞こえるのに、自分にはどこからも声援が届かない。

室内になると、そんな状況が一変する。四〇〇のトラックに慣れた者からすれば、室内競技場は、競技する者たちのまさに真上に観客が身を乗り出して応援してくれているように思える。

リンツのときには、一周二〇〇メートルを一五周もして、一周遅れ、二周遅れが出るなかで、どうやって間違えないようにそれぞれの選手の周回を数えるのかと思っていたら、周回係が一人につき四、五人の選手を担当し、数字を書いた大きな紙を掲げてそれぞれの選手に残りの周回数を提示するという説明があった。これは実にいい。人間にとって、愛の反対は憎しみではない、無視だ、ということばがあるが、遅い選手にとっては、罵倒されることは問題ではない。無視されることが辛い。その点、こんなふうに一周ごとに周回を教えてもらえば、自分がレースのなかでどんな位置にいようとも、ちゃんと見てくれる人がいることが実感できる。

先頭がもの凄いスピードで飛び出すと、自分もそれくらいのスピードでいけるように錯覚してしまうところも凄い。四〇〇のトラックではそんなことは起こらない。もちろん、錯覚なので、すぐにそのツケがまわってくる。ところが、それでも乗り切れそうに思えるところがまた凄い。ここまで体中の酸素がなくなってくると、四〇〇メートルのだだっ広いトラックだと、残された距離に気の遠くなるような思いがするのだが、室内だとそれがない。

何もかもが小さく凝集されているので、選手同士の距離も近くなる。以前からよく見かけるフランス人選手がいた。なかなか話をする機会がなかったが、二〇〇八年のクレルモンフェランでレースを待つ間、ちょうど隣になった。プエルトリコで会いましたよねと言うと、相手は私はブリスベンの時から覚えてますよと返してきた。プエルトリコは二〇〇三年、それくらい前から知ってますよと言ったつもりが、ブリスベンは二〇〇一年だった。

一見、気難しそうなイタリア人がいて、最初は話しかけるのをためらっていたら、その最初の機会も室内がつくってくれた。それがあるからこそ、またフィンランドでの嬉しい再会もある。

二〇一〇年のカムループスでは、ドイツ人が「あっちこっちで見かけているんで、一度お話ししたいと思ってたんですよ」と話しかけてきた。

「私の英語はみな理解できてそうだけど、話すのが苦手みたいですね。ほかに何かできる言語はありますか」

「スペイン語の方がよくわかります」

「そうですか。私は逆にスペイン語は聞けばわかるけど、うまく話せないので、私は英語で話しますから、スペイン語で話してください」

縮まるのは選手同士の距離だけではない。クレルモンフェランでは、私たちがいた応援席のすぐそばにフランス選手団がいた。ちょうどフランス選手が先頭を歩いていて、そこにフランスの放送局まで入っていた。「サンミシェル、サンミシェル」とみんなが応援するので、私たちもその応援に合流して、ちょっとしたお祭り騒ぎになった。その姿はフランスのテレビに映っていたはずである。

こうして、私は室内陸上の魅力に取り憑かれてしまった。

最初は、室内陸上には今ひとつ気乗りはしないけれども、オーストリアだったら行きたい、オーストリアだからこそ行きたいという気持ちだった。それが今は、室内大好き、室内だったら、もうそれだけで行きたい。

室内競技が開催される土地はみな、いくぶん奥まった場所にあった。オーストリアのリンツはオーストリアの高地にドナウが谷を刻みこんだ土地にある。クレルモンフェランも、平地の多いフランスのなかでやや奥まった高地に発展してきた町である。カナダのカムループスも、バンクーバーから北へ、山の中に入る。

いわゆるふつうの四〇〇メートルのトラックで開催される大会では行けないようなところが多い。もともと冬になると雪が積もったりして、競技が困難になる場所に造られている。

残念なのは、室内大会に参加する日本人選手があまりにも少ないことである。世界陸上マスターズ選手権には数十人は参加するのに、世界室内陸上マスターズ選手権となると、わずか数人になる。

理由はいくつか考えられる。

□ 室内競技には興味が湧かない
□ 日程的な問題
□ 経済的な事情
□ 情報不足
□ 本部の方針

ひとつずつ考えてみよう。

□ 室内競技には興味が湧かない

一度でも参加すれば、そんな思いなどどこかへ吹っ飛んでしまうはずだ。

室内というと、何か本格的でないという思いがあるのだろうか。一〇〇メートルを直線で走れないのが不満なのだろうか。二〇〇メートルを走る身にはカーブがきつすぎるのだろうか。いや、そんな具体的なものは何もなく、単なる食わず嫌いというだけのことかもしれない。

カムループスの一〇キロ道路競歩の受付会場で驚いたことがある。

隣の建物がカーリング専用の競技場、練習場になっていて、よく見えなかったが、四面はあるように思われた。こんな小さな田舎町にカーリング専用の競技場があって、地元の中学生や高校生が毎日のように練習できるようになっている。これでは、日本のカーリングがカナダに歯が立たないのは当たり前である。

それほどカーリングの盛んな国でも陸上競技の場をちゃんと用意している。日本ももう少し何かができるのではないかと思う。

□　日程的な問題

アジアの大会と世界の大会はいずれも隔年。世界は夏が多く、アジアは一一月、一二月が多い。室内大会はアジアマスターズと同じ年の春にある。春には各都道府県の選手権があったりして、国内の大会と重なることが多いのかもしれない。しかし、それだけでは説明できない。世界六〇人、アジア一〇〇人、世界室内五人とすれば、あまりにも差がありすぎる。

□ 経済的な事情

遠征費はやはりバカにならない。世界とアジアだけでも、そろそろ貯金が底をついてきたので、一度世界はやめて、次のアジアにかけるという人もいる。

□ 情報不足

日本ではまだ室内大会の存在すら知らない人が多い。

インターネットを見ればいいというだけのことかもしれないが、マスターズの年齢の人にはまだまだインターネットが自由に使える人が少ない。

世界マスターズ、アジアマスターズですら、まだまだ情報媒体が少なすぎるのではないかと思うくらいだから、室内競技の存在にまで行き着かないのもムリがないのかもしれない。

□ 本部の方針

日本マスターズ陸上連合がこの大会をどのように位置づけているのか、よくわからない。日本にはもともと室内競技場が少なく、一般の選手の競技会も少ないのだから、何もマスターズにまで室内競技を加えることがないと考えているのだろうか。

しかし、これに関しても、まったく逆の観点から考えることができる。

四〇〇のトラックではハードルの距離が一〇〇メートルと八〇メートルしかない。いかに年齢が高くなっても、八〇メートルは走らなければならない。長距離の障害物競走でも、六〇歳以上になるとそれまでの三〇〇〇メートルから二〇〇〇メートルになり、障害物の高さも低くなる。投擲競技でも年齢が高くなるにしたがって重量が軽くなるように、きめ細かく定められている。

ハードルの選手の話では、マスターズの年齢になると、一〇〇メートルはもちろん、ハードルで八〇メートルを走りきるのはかなりきついらしい。五〇メートルか六〇メートルまでなら、全力で走りきれたという感触が得られる。

室内競技ではハードルの距離は六〇メートルとなっている。それならば、四〇〇のトラックでもハードルの種目に六〇メートルを採り入れてはどうだろうか。六〇メートルにするのは、室内という制約のためもあるが、マスターズの選手の身体的条件を考えれば、この距離がちょうどいいものになっている。それができれば、ハードルの普及にもつながり、四〇〇のトラックと室内とを結ぶことにもなる。

そんな、ちょっとしたことでいい。少しでも何かを考え、動いてくれる人がいれば、事態は変わるはずである。

会場の一部にせっかく設けてくれている国別の掲示板。その一角が日本語のメモで埋まる日を夢みて、室内競技の魅力を伝えていきたい。

10 競歩選手は語学がお得意

――いろんなことばを話せるトリック――

ここに来て、なるほど競技や食事、おっしゃることはわかるけど、ことばがわからないことには如何ともしがたいと言われる方もおられよう。大丈夫、何たって、競歩選手はだれもが語学の天才、それで具合が悪ければ、語学の達人なのだ。そんなことを言われたってとおっしゃる向きもあろうが、問答無用。競歩選手には、外国語をモノにするなんて、ワケないことなのである。

まずはその動機。何たって、外国に行って、ことばがわからないのはなんともはがゆいものだ。別に目隠しをされているわけでも、手足を縛られているわけでもない。檻の中に閉じ込められているわけでも、誰かに監視されているわけでもない。それなのに、日本にいる時と同じように、思いのままに行動することができない。本当に食べたいものを食べることができない。それどころか、食事にはどんなものが出てくるのかすら知ることができない。「八　アジアと世界の胃袋」に書いたことも、夢物語になってしまう。添乗員さんがいなければ、何ひとつすることができない。

仕方ないとあきらめているから気にならないのだろうか。わからないことや怖いこと、ややこしいことは避けて、できることだけやればいいと思っているのだろうか。でも、冷静になって考えてみると、これはかなり異常な状況ではないか。

もちろん、現地の人たちが意図的に意地悪をしているわけではない。それでも、結果的には「ことばのわからない人には販売を制限しています」、「ことばのわからない人にはお出しできる料理がかぎられています」、「ことばのわからない人には乗車をお断りすることがあります」などと言われるのと同じことになってしまう。

いやしくも、二十一世紀の先進国に生きる人間として、これはかなり屈辱的なことなのではないだろうか。

二〇〇三年世界マスターズの開催地、サンファアン（プエルトリコ）も二〇〇五年のサンセバスチャン（スペイン）も、ともにスペイン語が公用語、二〇〇七年のリッチョーネ（イタリア）はイタリア語、二〇〇九年のラハティ（フィンランド）はフィンランド語。二〇一三年に開催が予定されているポルトアレグレ（ブラジル）はポルトガル語。室内大会では、二〇〇六年のリンツ（オーストリア）がドイツ語、二〇〇八年のクレルモンフェラン（フランス）がフランス語。二〇一二年にはユヴァスキュラ（フィンランド）での開催が予定されており、またもやフィンランド語である。

また、昨年のアジアマスターズは十二月にマレーシアのクアラルンプルで開かれた。公用語はマレー語。このマレー語、インドネシア語と大きく変るところがないので、どちらかをモノにすれば、二億の民と話ができることになる。

ここで、試しにこの七言語（スペイン語、イタリア語、ポルトガル語、ドイツ語、フランス語、フィンランド語、インドネシア語）を英語と聴き比べてほしい。意味はわからなくてもよい。何度も聴いて、聴き取った音を、カタカナでいいから紙に書き出してみてほしい。英語以外は、意味はわからなくても音そのものは聴き取れるはずだ。RかLか迷えば、どちらかにしておけばよい。これまで英語をきちんと勉強したことがあって、英語の得意な人でないかぎり、英語だけは何度聴いても聴き取れない音が残ってしまう。

これにはもちろん理由がある。

たとえば東北の人が話す独特の日本語を聞いても、カタカナに書き出すことはできるだろう。これが動物や鳥の声になると、やや苦労する。苦労はするし、実際の音とはかなりちがうけれども、牛ならモー、馬ならヒヒーンと、とりあえずカタカナにすることができる。ある程度までよく似た音を出すこともできる。ところが、これが機械になるとどうだろう。ブーンとかギーンとかにしてみても、本当にそんな音ではない。

英語の音とはそういうものだと考えてみると、よくわかる。周波数が大きくちがうのだ。

もちろん、これにも打つ手はある。どうすればよいかを書いた本も何冊か出ている。だけれども、無意味とも思えることをひたすら繰り返すまでに、越えなければならない壁が残っている。

これでは、ただ時間をかけて勉強しただけでは、できるようにならないのは当たり前である。

どうしても、仕事で必要だという人はこの壁を破らないことには話にならない。イギリスをはじめ、カナダやニュージーランド、オーストラリアなど英語圏の文化に興味がある人も、まずこの壁を破るべくがんばってみればよい。

あいにく、私にはそんな気は毛頭ない。スペイン、フランス、イタリア、ドイツ、フィンランドをはじめ、好きな国がいっぱいある。好きな国に行けば、その国のことばで現地の人と話がしたい。どこへ行っても英語で通すのと、現地のことばでしゃべるのとでは、待遇までまるっきりちがってくることもある。チュニジアのスースでは、フランス語を話し出したとたん、ボーイの態度がころっと変わって、こちらの細かい注文にも、いやな顔ひとつせず応えてくれた。

気むずかしい表情をした人が多いルーマニア。レストランでは、キリのいい数字にしてチップを置いたつもりが、これじゃ足りない、一〇パーセント寄こせと言われるし、水を買いに入った店では、怖い顔で「そこにあるでしょ」と言わんばかりに無言で指を差すおばあさんがいる。どこかに暗い時代の影をひきずっているのか、ちょっと人間不信に陥りそうになる。それでも懲りずに、にわか仕込みのルーマニア語で買い物をしていると、日本人にも負けない黒髪に、黒い瞳をした女性が、しみじみと噛みしめるように笑みを返してくれる。「たった三ヵ月で、よくそこまで覚えましたね」と言って親切にしてくれたおばさんにも、私がルーマニアに寄せる思いが少しは伝わった気がする。「三ヵ月といったって、実はスペイン語やイタリア語によく似ているんですよ」というタネあかしはしないでおこう。

マレーシアのホテルでは、朝食のときにほんの少しマレー語を使うだけで、宿泊客が何百人といても、すぐに顔を覚えてもらえる。

現地のことばを使うのは、何といっても、「この国が好きです」という最高の意思表示になる。

棒高跳びをやりたい人は棒高跳びの練習をし、ハンマー投げをやりたい人はハンマー投げに力を入れる。だけど、短距離や長距離を専門としたい人にまで、同じことを課せられてはたまったものではない。

逆に、跳躍や投擲、さらには長距離、競歩の選手にある程度、短距離の練習をさせるのはわかる。ある意味で一〇〇メートルの全力疾走はあらゆる競技の基本になる。

棒高跳びの選手もマラソン選手も、一〇〇メートルを全力疾走することはできるけれども、逆も斜めもできない。

そう考えれば、英語、英語と騒いでいる者たちには根本的な矛盾があることがわかる。周波数が大きくちがって、それほどまでに発音に苦労しなければならないような言語なら、あらゆる言語の基本にはなりえない。棒高跳びがあらゆる競技の基本にはなりえず、円盤投げがあらゆる競技の基本になりえないように、英語が世界の共通語になることはけっしてない。

そもそも、そのような言語に世界語の資格はない。

英語の力はアメリカの政治力、経済力に依存しているにすぎず、英語が本質的に世界語の資格を備えた言語であるからではない。

そもそも、言語には百メートルの全力疾走のように、どの競技の基本にもなるようなものなど存在しない。だから、それぞれが二つでも三つでも好きなものを選んで身に着けるしかない。

そうは言っても、スペイン語にフランス語も、それにイタリア語もなんて、とてもじゃないと思うのがふつうだろう。ところが、ここにもトリックがある。世の中、あらゆるところにトリックがあり、知ると知らないのとでは大違いになる。

試しに「(私が)なぜ、それを書かなければならないの」を、東京語、大阪語、スペイン語、イタリア語で言ってみよう。

東京語　なぜそれを書かなければならないの。
大阪語　なんでそんなん書かなあかんねん。
スペイン語　¿Por qué debo escribirlo?
イタリア語　Perché devo scriverlo?

ここで大阪語と東京語との差と、スペイン語とイタリア語との差、どちらが大きいか、どちらが小さいか。スペイン語がわかれば、イタリア語のこの文が理解できることは容易に想像できるが、東京語がわかっても、大阪語を聞いたことがない人に果たしてこの文の意味が理解できるだろうか。現に、カンボジアで私たちを案内してくれた現地ガイドは、必要なことはみな日本語で話すことができたが、私たちが自分たちの間で大阪語で話している内容はあまりよく理解できなかったという。

だから、それにフランス語ができると三ヵ国語ができるなんて凄いと思われるけれども、要は東京語に大阪語、それに九州語がわかるようなもので、もしかしたら、それよりももっと簡単なことかもしれない。私が大阪弁、東京弁、九州弁と言わずに、大阪語、東京語、九州語と言うのはそのためである。

これがドイツ語になると、これほど簡単にはいかない。フィンランド語になると、とりあえずは一から出直さなければならない。そうだとしても、人が思っているほど、途方もないことではない。

トリックを知るかどうかで、世の中はまったくちがったものになるのである。

私が残念に思うのは、マスターズの世界大会に行くと、ヨーロッパ人の集まる会議では、フランス語、スペイン語をはじめ数言語が公用語として使用されるのに、アジアだけの大会だと英語一辺倒になる。アジアの民が部外者の言語を共通の言語として意志の疎通をはかるしかない現状は、はなはだ異常だと言わざるをえない。そう思うのが自然であろう。アジアにもヨーロッパを起源としない公用語があってしかるべきである。

日本語、韓国語、（北京語、上海語、広東語、台湾語などの）中国諸語、この三つにタイ語、マレー語ができれば、東アジアではほとんど困らない。インドネシアの公用語、インドネシア語はマレー語を母体に、さまざまに言語を異にするインドネシアの人たちが意志の疎通をはかれるようにしたもので、基本的には同じ言語である。

これで東西数千キロに及ぶ広大な国家と大陸の一部を征服できる。

それにタイ語。ラオス語はタイ語とよく似ており、カンボジア語、ベトナム語も位置語と呼ばれる同じ語族に属する。タイ語がわかったからといって、ベトナム語やカンボジア語がそのまま理解できるわけではないが、何人かに一人は中国諸語やタイ語のわかる人がいるはずだ。

アジアの民がアジアのことばで意志の疎通ができるようになる日を私は夢見ている。そうなれば、どんなに愉快なことだろう。

むずかしい、むずかしいと御託を並べる暇があったら、黙って口を動かしたらどうだ。だいたい、世界中のいろんな国に行ったら、その国の食べ物がやみつきになり、景色が目に焼きついて離れなくなり、男性なら女性が、女性なら男性が、おカマならおカマが、たまらなくなる。その国のことばが話したくなる。学びたくなる。それが人情というものだ。

このように、動機は十分だ。だとすれば、あとはやるかやらないか、できるか、できないかだけの問題である。

少なくとも競歩選手には、もともとそれができるだけの資質が備わっている。いつも当たり前のようにやっている練習の考え方をそのまま持ち込めば、それで事足りる。競歩の練習というのは、競歩なりの制約はあるものの、要するに右足と左足を交互に前に出す。ただそれだけ、単純明快そのものである。

右足を出す動きと左足を出す動きを別のものと捉えれば、二歩分がひとつの単位ということになり、あとはその繰り返しでしかない。言い換えれば、その一単位を練習すれば、理屈のうえでは二歩で練習を終わっても差しつかえないことになる。もちろん、いくら何でも二歩では不安だから、百メートルくらいは歩いてみるとしよう。それ以上、いくら歩いても、新たな動作が必要になることはいっさいない。

だからといって、三〇キロのレースを間近に控えた選手が、そんな理屈を盾にとって一〇〇メートルやそこらの練習で一日を終ってしまうようなことは絶対にない。どんなに同じことの繰り返しでも、三〇キロに出るかぎりは、それに近い距離を踏む。二〇キロで済ますこともあれば、やはりスタミナが不安になって四〇キロ、五〇キロの歩きこみをすることもある。当たり前と言えば当たり前すぎることである。

その当たり前のことをすれば、どんな外国語でも必ずできるようになる。

ところが、学校ではその当たり前のことをしていない。学校だけではない。比較的充実した語学の参考書でも、事情は変わらない。

話をわかりやすくするため、日本語を外国語として次の動詞の過去形と否定形を教える場面を想像してみよう。

買う
読む
書く
食べる
行く（いく）
来る（くる）

こういう時にまずルールから教える人がいる。「過去形の作り方」、「否定形の作り方」というやつである。過去形や否定形などはもともと存在するものであって、人間が意図して作れるものでは断じてない。ことばの綾と言ってしまえばそれまでなのだが、これこそが学習者を錯覚に陥らせる元凶となっている。外国語の学習というものは、法則を覚えてそれをいかに応用できるかが重要であるかのように思ってしまう。

スポーツでももちろん、体の使い方、動かし方など、いわゆるルールと言えるものをまず教える点では同じである。ところが、スポーツでは、体で覚えることが大前提になっている。それができなければ、理屈など何の意味もない。

「書く」を否定形にするとき、「かく」の「く」をいったん「か」に変えて、そのあとに「ない」

とつけるなどという意識が少しでも介在すれば、スポーツでは勝負にならない。そうではなくて、意識はひたすら「自分は書きませんよ」という情報を伝えることに集中し、「書かない」という音そのものは無意識のうちに出てこなければならない。

ここに語学教育の大きな勘違いがある。学校では、まず法則を教えて、その法則通りに活用形を導ける者が優秀な生徒だということになる。ひどいのになると、まだ一度も教えたことのない動詞の活用形を生徒に当てさせるようなことをしている。

法則とは文法のことで、外国語ができるようになるのに文法は必要かという議論がある。子どもは文法なんか知らずに母語を話せるようになる。だから、文法なんか必要ないと言う人がいるが、とんでもない話である。子どもは母語を習得する過程で、それまで耳にしたり目にしたりした文を無意識のうちに解析し、自ら文法を身に着けていくのである。

だから、学校教育のやっていることは方向が逆で、まずは過去形なら過去形、否定形なら否定形をひたすら覚えるのである。

買う　↓　買った　↓　買わない
読む　↓　読んだ　↓　読まない
書く　↓　書いた　↓　書かない

食べる　↓　食べた　↓　食べない
行く（いく）↓　行った　↓　行かない
来る（くる）↓　来た（きた）↓　来ない（こない）

なぜそうなるかはどうでもよい。手持ちの動詞が増えてくれば、自ずとそこに潜む法則性が見えてくる。

外国語の学習では、この法則性がわかった時点で、やることは全部終わったように思われている。「買う」の活用が身に着いてしまえば、あとは商品に「を」をつけて「買った」、「買わない」、「買いたい」などとすれば、理屈のうえでは「買う」という行為に関してはあらゆることが言えることになる。あくまでも理屈のうえでは、である。わかっているはずなのに、単語は知っているはずなのに、いざ外国人を前にすると頭の中が真っ白になるというのが、万人の経験するところであろう。

競歩でも、まだ経験の浅いうちは、脚と腰、腕の使い方が理屈のうえではわかっていても、五キロを過ぎ、一〇キロを過ぎて疲れてくると、それぞれの部分の動きがバラバラになり、自分で自分の動きを制御できなくなるものである。

だからこそ、競歩選手は気の遠くなるような練習をする。

外国語でも同じである。

ところが、ここでも外国語学習のやり方には、落とし穴がある。

りんご　過去
みかん　否定
その本　過去の否定
靴　願望
家　過去の願望

このような条件を設定して文を作らせるのが、ほぼどの教室でも採用されているやり方であろう。

□ りんごを買った
□ みかんを買わない（みかんは買わない）
□ その本を買わなかった（その本は買わなかった）

□ 靴を買いたい

□ 家を買いたかった（家を買いたいと思った）

日本人なら、このように簡単に答えが出せる。ところが、何かがおかしい。ほんのわずかではあるけれども、考えて答えを出している。ふだんなら、無意識のうちに出てくるはずなのに、それができなくなってしまっている。どこかで手足を縛られている。

外国語でこの練習をしているかぎりは、スッとできなくて当たり前と思っていて気がつかないけれども、実は日本語でやっても事態は変わらない。しかも、現実には（　）に入れた文の方がいいことが多い。

いかに手馴れた母語と言えども、そこにいったん文法を介在させてしまえば、いとも簡単に足を掬われてしまうのである。文法は常に意識下に沈めておく必要がある。

「りんご」や「みかん」や「本」を法則に従って「を」を介して「買う」とつなぐという回路では、現実の場面に間に合わない。

□ りんごを買った

□ みかんは買わない
□ その本は買わなかった
□ 靴を買いたい
□ 家を買いたいと思った

私たちが日本語で相手とやり取りができるのは、このような文を単位としてふんだんに持ち合わせており、情報伝達の必要に応じて自在に取り出すことができるからである。

ここで見たように、日本語だからできて、外国語だからできないという問題ではなくて、やることをやっておればできるし、やっていなければできない。ただ、それだけのことである。

□ りんごを買った　みかんを買った　その本を買った　靴を買った　家を買った
□ りんごは買わない　みかんは買わない　その本は買わない　靴は買わない　家は買わない
□ りんごは買わなかった　みかんは買わなかった　その本は買わなかった　靴は買わなかった　家は買わなかった
□ りんごを買いたい　みかんを買いたい　その本を買いたい　靴を買いたい　家を書いたい
□ りんごを買いたいと思った　みかんを買いたいと思った　その本を買いたいと思った

靴を買いたいと思った　家を買いたいと思った

□　りんごを買いたかった　みかんを買いたかった　その本を買いたかった　靴を買いたかった　家を買いたかった

こういう形で、情報を伝達するための最小限の単位をいつでも出てくるようにしておくしか、実は方法がない。こんなことをしていては厖大な量になると思われるかもしれないが、もともと人間が思ったり、考えたりすることが厖大であるかぎり、これは避けることができない。

競歩選手が三〇キロ歩くとすれば、左右で一単位の動作を一万五〇〇〇回繰り返すことになる。

「りんごを買いたかった」という文にしても、「りんご」の代わりに、ありとあらゆる名詞を入れて文を声に出してみる必要はない。あるところまで行くと、あとは初めての名詞でも無意識のうちに自然に文が出てくるようになる。

たとえば「私はこの前、妹といっしょにデパートで服を買った」のような文を丸ごと覚える人がいるが、この方法では思ったほどの効果は期待できない。この文をそっくりそのまま使えることはまずありえないし、人間には文を作るにあたって無意識に出てこなければいけない部分と、考えるべき部分とがある。「りんごを買わなかった」のような文を、名詞に「を」をつけて「買う」の否定は「買わない」、その過去だから「買わなかった」になるなどと考えていては、情報伝達はおぼつかないが、その最小単位さえ身につけてしまえば、あとは相手を見ながら、状況を見ながら、手持ちの札をいちばんよく生かすことができる順に出していけばよい。

競歩でも、相手がスピードを上げたときに間髪を入れずに反応できるかどうかは、その時々に判断するべきことであるが、そうやってスピードを上げても無意識のうちに歩型を維持できるようにしておかなければレースにならない。

外国語の学習は海外旅行に役に立つだけではない。人間だれしも老いは避けられない。だが、それを遅らせることはできる。体を動かしているマスターズの人たちは少なくとも老いに対抗する手段のひとつを実行している。そこにもうひとつ、外国語の学習がいい。

人は生まれながらにして先入観の固まりみたいなものだけど、歳を取るとそれがいっそうひどくなる。

外国語はいつもその先入観をこなごなに打ち砕いてくれる。囲碁や将棋もいいと言われている。そういう趣味のある人は、今さら好きでもない外国語の学習に切り換えても、面白くないばかりなので、敢えてお勧めはしない。

アジアマスターズや世界マスターズに参加して、少しでも心躍らされた人にはぜひ何かひとつやってもらいたい。ほんの少しでも覚えて地元の人と話ができれば、それだけでも覚えた甲斐がある。

来年はフィンランドのユヴァスキュラで世界室内マスターズがある。いきなり変化の複雑なフィンランド語というのも大変かもしれないが、逆にこんな面白い言語も珍しい。人口わずか五〇〇万人の小国が学力世界一になったことはよく知られている。

実は、このフィンランド語という言語は、ハンガリー語、トルコ語、モンゴル語、日本語とともにウラルアルタイ語族に属する言語で、日本語の遠い親戚にあたる。どれも凄い国ばかりではないか。ハンガリーはかつてのマジャール帝国、トルコはオスマントルコ、モンゴルはモンゴル帝国、世界を席巻した国ばかりである。これに世界第二の経済大国、日本。学力世界一のフィンランドの存在を考えれば、ことばそのものに何か秘密があるのではないかと、勘ぐりたくなりはしないだろうか。

そう思えることがまた、外国語を学ぶ面白さのひとつでもある。

ちなみに、「私には○○がある」という意味を英語では「私は○○をもつ」と表現する。学校では英語がたいしてわかっておらずかぶれているだけの教師が、英語のその発想が普遍のもので、論理的にも優れているようなことを吹聴するものだから、その風評被害を受けて「なるほど、××には○○がある」というのは日本語にしかない遅れた言い方で、「私は○○をもっている」と言う方が優れていると無意識のうちに思いこんでしまう人がいるが、とんでもない話である。フィンランド語でも「私には○○がある」というのがふつうの言い方であるし、ロシア語でもアラビア語でもそうである。

それにフィンランド語には日本語の「てにをは」に相当するものがあり、英語の前置詞に悩まされた面々には、地獄に仏のような存在となっている。

けっして易しくはないが、フィンランド語全体が壮大なパズルのようになっている。そのパズルを解いた果てに、学力世界一のナゾに対する答えがある。まさにそれこそが日本語が英語の言いなりにならず、自ら進むべき道を模索することにほかならない。

今度行くときまでには、飛行機の中でビール（olutta）を注文できるだけでなく、優勝インタビュー（それはムリか）にフィンランド語で答えられるようになれれば最高である。少なくとも、優勝するよりはずっと易しいことはまちがいない。

11 北上こそ歩く人たちの故郷

大勢でわいわい騒ぐのもいいけれど、本当に気心の知れた数人だけで食事をするのもまたいいものだ。

気分は招待選手

陸上競技の大会でも同じことが言える。ちょっと広まりすぎてしまったマラソンではもはやそうはいかない。

そんな時代に、二〇キロをひたすら歩くだけの大会がある。それも中高年が主役になれる大会。場所は岩手県の北上市。毎年秋に開催される。

参加料三〇〇〇円を高いと言うなかれ。なにしろ、競技場半日貸切。選手控え室には一人ずつテーブルまでついている。競技場の使用料は場所によって異なるが、これが大阪なら長居の二競技場をまとめて借りれば一日一八〇万円、万博記念競技場五四万円、服部緑地の競技場、一八万円。そこまではいかないにしても、競技場を貸し切るというのはすごいことだ。

しかも、わずか十数人の選手のために、その何倍もの人が世話をしてくれる。一周二キロのコースには、競歩審判員、周回係、給水係などが並ぶ。

スポンサーや協賛団体の数も選手の数を上回っている。

わずかこれだけの選手なのに、大会名の入ったTシャツも参加賞についている。

スタミナを消耗してゴールにたどり着けば、控え室にはちゃんと昼食が用意してある。それも、この手のお弁当としてはなかなかの豪華版。

まさに至れり尽くせり。こんなに甘えていいかしらと思う。


これだけやってもらって、やはりいい結果を残さないと申し訳ない。

昨年はヘモグロビン値がふつうの人の半分という貧血のため、出場を諦めた。今年はようやく回復して、久々にいい練習ができるようになったと思った矢先、五月にヘルペスを発症した。何といっても二〇キロ、半端な距離ではない。何もかもが順調に行ってはじめて、思うようなレースができる。それをここでつまづいて、一週間も一〇日も練習ができないのでは、北上の二〇キロ出場はムリと、いったんは諦めた。妻にもそう宣言した。「北上には行かない」

それが覆ったのは、七月初めに鳥取であった中国マスターズだった。合わせて一ヵ月近く練習ができなかったので、五〇〇〇メートル競歩で三〇分はおろか、三五分すら切れないのではないかと思っていた。

それが前半自重しながら歩いていると、後半徐々にペースが上がり、二九分五一秒で歩くことができた。

その時、ボクは思った。ここで北上を諦めたら、このまま気持ちが萎えてしまう。そうなれば、次のインド（十一月のアジアマスターズ、ベンガルル）も見えてこない。ヘルペスの後遺症はあるけれども、できるだけ距離をかせいで、二〇キロを歩ける状態にまでもって行こう。

こうして気持ちを取り直して、リハビリに近い状態で練習を再開した。ところが、今年の夏は暑かった。夕方六時以降に練習時間をずらしはしたが、一日一三キロはきつかったのかもしれない。脱水症状のため、今度は北上の二週間前に軽い痛風が出た。これで練習を休むこと六日間。

さんざんな状態でレース当日を迎えることになった。

先頭集団のペースがそれほど速くなかったので、一瞬気持ちが揺れた。本来なら楽につけるはずのペースだ。だけど、ここで自分を抑えなくては完歩もおぼつかない。いつもの体ではないのだから。自分にそう言い聞かせて一〇番手につけ、まどろっこしいペースを維持しながら、集団が視界から消えるのを見ていた。

キロ六分三〇秒、病み上がりでレースをまとめるためには、ひたすらこのペースを守る以外にない。

五キロを過ぎて八位に上がると、前方に三人の姿が見えてきた。いや、すぐに抜きにかかってはいけない。先は長い。逸る気持ちを抑えて少しずつ少しずつ詰めていく。そのなかに同じクラス（M50）の選手が一人いる。これを抜けば年代別では優勝ということになる。

一〇キロを過ぎ、ついに五位の選手につけた。だいたい、ボクは血の気が多い。いつまでも他人の後ろにつくなんてことができる性分ではない。それでも、この日ばかりはスタミナの不安の方が大きく、一人になってどこまで歩けるかちょっと見当がつかなかった。

どこで出るか。残り三周か二周か。それとも、場合によっては最後の数百メートルで勝負することも考えていた。結局は途中でペースが落ちたので、十五キロ手前で前に出た。この状態で五番手で帰ってくれば上出来というものだ。

それがどうだろう。ゴール手前になって、もう一人選手が見えてきた。十五キロでは三分以上離されていたはずだ。まさか、追いつけるとは。年代別の順位には関係ないけれども、ここは抜かせていただくことにする。こうして、総合四位でゴールすることができた。記録は予定の六分三〇秒ペース、二時間一〇分にわずか七秒届かなかった。

それでも、前が次々に落ちてくるなかで、最後までペースを守り切った。

自分にもこういうレースができるんだ。練習ができていないなりに、どうにかまとめることができた。これもなかなか味わい深い。きっと、今後の自信につながるにちがいない。

そして何よりも、この北上の地にやってきた少数の者しか経験できない「気分は招待選手」、それが何よりも忘れがたい。

これもブログからの転載である。実はこの北上の競歩大会の中心となって普及に努めておられるのが、イタリア、リッチョーネ大会の「鬼コーチ」、八重樫輝男さんである。いや、本当は鬼コーチなんかでは断じてない。これほどまでに競歩に情熱を傾け、一人一人の競技者を思いやる方を私はほかに知らない。もちろん、将来オリンピックで活躍できる選手を育てたいという思いもないとは言えないであろうが、実力とは関係なく競技者一人一人の思いを心憎いほどくんでくださる。

私たちも若いころは、輪島の二〇キロ、根上の三〇キロなどに出場した。それでも時間制限がいつも重くのしかかっていた。日本選手権の二〇キロでは、あと三キロの地点で、一つ前の選手が通過した直後に制止され、ゼッケンをはずすように言われたこともある。

日本選手権以外の試合では、時間制限はそれほど厳しくはなかった。二時間くらいは歩かせてもらえた。若いころは二〇キロ二時間など問題にしなかったどころか、どうしてそんなにかかるのかと鼻で笑っていたところもあった。ところが、四〇を過ぎ、五〇を過ぎると、その二時間がどうあがいても切れなくなっている。仮に切れたとしても、現役選手の前半の速いペースに撹乱されては不可能である。

一般の大会にはもう出場することができない。最後まで歩かせてもらえないとわかっている大会には、やはり二の足を踏む。

だから、二〇〇四年、北上に全日本マスターズ競歩選手権ができ、二〇キロを歩けるようになったときには、天にも昇る気持ちだった。マラソンの好きな人には出場できる大会がいくらでもあるが、二〇キロ競歩には数えるほどしかない。世界に行けば二〇キロを歩けるが、アジアでも未だに実現していないし、日本でも実現していなかった。

北上のコースはけっして歩きやすいコース、記録が出るコースではない。一周二キロの周回コースでありながら、一周の距離を二キロちょうどにするために、コースの一部をくぼませてそこに折り返し点を設けている。けっこう起伏もあり、平坦からはほど遠い。二〇キロでは少なく見積もっても平坦なコースなら二分は速く歩けるのではないかと思える。最初はそれが不満で、私が住んでいる大阪からは遠いので、そう何度も来るところではないと思った。それがもう五回も来ている。

世界に行くと、実にいろんなコースがある。平坦なコースの方がむしろ少ない。オークランドのコースは平坦ではあっても、道路の中央が丸く盛り上がっていて、端を歩くと、左右の高さがちがってくる。折り返しは遠回りになるので、回ったあとは勾配を上るような感じになる。

ラハティのコースは三角形で、そのまま周回になっているのかと思いきや、一周回ったところで、そのままの方向に進むのではなく、折り返すようになっていた。スタート兼ゴールが、本来いちばん遠くにあるはずの折り返し点と背中合わせになっている。途中の勾配もかなりきつく、一五キロ過ぎにその勾配に足を取られたかのように、痺れて思うように動かなくなってしまった。

それを考えると、北上のコースは世界で戦うためには、実によくできたコースだ。これくらいの坂にひるんでいるようでは、世界で持てる力を発揮することはできない。

その意味でも北上に全日本マスターズ競歩ができたのは、革命的なことだった。

しかも、驚きはそれで終わらない。

八重樫さんはこの大会に五〇キロまで作ってしまった。制限時間は六時間四〇分。今年、七七になる和田浩さんは七四歳のときに初めて五〇キロを完歩した。

「一生に一度でいいから、五〇キロを歩いてみたかった」ということばが印象的だった。六時間三八分四六秒はM70の日本記録であるが、これだけの時間を歩かせてくれるところはほかにない。力はあってもそれを実現する場所がこれまでなかったのである。これで夢が叶ったのだから、表彰式で低血糖で倒れたほど苛酷な五〇キロにはもう出ることはないと思っていた。本人もレース直後はそのつもりであったろう。しかし、和田さんは翌二〇〇九年、またもや五〇キロのレースに姿を現した。時間は前年を上回る六時間三七分〇八秒、こうしてM75の日本記録も手にすることになる。

同じ二〇〇九年には、W65の松本初枝さんが六時間二三分二三秒という驚くべき記録を打ち立てる。

まさに、人間の底知れぬ力を世に知らしめることになった。

北上は競歩選手の夢、マスターズの夢を次々に現実のものにしてくれたのである。

12

高齢化社会というユートピア

日本マスターズ陸上競技連合は二〇〇五年に法人化し、それを記念して終身会員を募っている。高齢者の団体であるので、全体の平均年齢は相当なものである。還暦すら迎えていない私などは若輩中の若輩、ひよこみたいなものである。そうであるから、毎年一人や二人にお迎えが来ても不思議ではない。ところが、終身会員八三人のうち、六年を経た現在、物故者はわずか三人である。単に生存しているだけでなく、総会にも元気な姿を見せている。

かつて、大阪マスターズの総会で驚いたことがある。米寿の方のお祝いがあった。米寿と言えば八八歳、それで競技を続けているとは凄いことだと感心していたら、次に挨拶に立ったのが百歳の人。だれにも支えられず、背筋をしゃんと伸ばして自分の足で立っている。東日本大震災で亡くなられた下河原孝さんも、一〇四歳まで槍を投げていた。これだけの人を天に召すには、時間の流れだけでは如何ともしがたく、最後は地震や津波のような巨大なエネルギーに訴えるほかなかったのだ。心からご冥福をお祈りしたい。

マスターズの人たちとばかりいっしょにいると、ひとつ困ったことがある。ふつうの人たちと会ったときに、年齢の感覚が狂ってしまうことである。

テレビで一般の視聴者にインタビューするようなときなど、字幕に年齢が出る。五二とあるけど、この顔、マスターズだったら、六七くらいかな、などと思ってしまう。なかには多少ふけた感じの人もいるけれども、その分矍鑠としていて動きも機敏である。

いっしょにバスで移動していると、健康保険の話題に花が咲く。

だいだい、私なんかこれまでいっさい医者にかかってないのに、健康保険だけゴソっともっていかれる。不公平だよな。タバコだってそうで、タバコを吸ってる人間と吸わない人間の保険料が同じなんておかしい。運動してる人の保険料は安くしてくれるとか、何とかしてくれないもんかね。

まさに「そうだ、そうだ、もっともだ」

そう言えば、一歩の経済的価値が○、○一四円に相当することを示す研究成果がある。歩けば歩くだけ医者にかかることが少なくなるので、その分を金銭に換算した数字だ。いや、○、○○一四円だったかもしれない。まだまだ先駆け的な研究なので、この程度の数字の差は今後の取り組み次第でいくらでも変わってくる。とりあえず○、○一円ということにしておこう。一歩を一メートルとすれば、一キロ一○円、毎日一○キロ歩けば一日一○○円、一ヵ月三○○○円の経済効果ということになるが、競技をしている身にはこの数字は少なすぎる。金銭には換算できないと言ってしまえばそれまでだが、本当に換算すれば、保険行政が成り立たなくなる。

それはともかく、私にはそんな数字よりももっと身に染みて感じていることがある。人間、年を取ると代謝が悪くなる。運動していても少しずつお腹が出てくる。若いころに比べて食べる量は減っているのに、なかなか体重が減らない。

一日一〇キロは歩いているのに体重が減らない。まったく運動をしていない人は、体脂肪を落とすのがさぞかし大変だろうと思う。メタボ、メタボと言うが、本来代謝という意味を縮めたものだから、脂肪を代謝するならメタボこそめざすべきもののはずである。メタボのおかしさがわからずに、シーベルトやベクレルがわかるはずがない。

だから私は「堂々と」メタボをめざしているが、なかなかそうは問屋が卸さない。一日一九キロ歩いて初めて体重が減少に向う。それ以下だと増えはしないにしても一進一退、なかなか前に進めない。

この一九キロという数字、なかなか意味深長な数字で、石器時代の人間は狩りをするのに毎日平均一九キロ歩いていたそうだ。しかも、一日の平均摂取カロリーは現代人の四〇パーセント。私自身、かなりカロリーは抑えている。カロリー摂取量は石器時代の人間より少し多い程度ではないかと思う。ただ、総量は変わらなくても、当時の人たちはここぞとかきこむ日もあれば、何日もひもじい思いをする日もあったろう。

人間の体、なかでも血糖値の調節作用などは石器時代以来変わっていないらしい。毎日一九キロも歩いて、何日もひもじい日が続くことを想定して、それでも血糖値が低くなりすぎないようにできている。そんな体のまま、運動もせずにカロリーを摂りすぎればどうなるか。生活習慣病が蔓延するのは当然である。

日本の食糧自給率が四〇パーセントしかないと言われるが、この数字は何ら案ずるに及ばない。それどころか、そうやって日本人の平均カロリー摂取量を四〇パーセントに落とせば、いったいどれだけの生活習慣病が予防できるか、ちょっと想像もつかないくらいである。

人口の高齢化が問題になっているが、これなんかもまさにトリックとしか言いようがないもので、一見もっともらしいことを前面に出してきて、人を欺いている。高齢者の割合が高くなるから、さあ大変だと脅され、不安に陥ってしまうのは、ある意味で風評被害ではないだろうか。高齢化が問題と言うが、じゃあ低齢化をめざせばよいということにはならない。高齢化というのは若くして非業の死を遂げる人が少なくなるということであり、本来好ましいことのはずである。

問題は年齢にあるのではなく、体が弱って働けなくなることにある。それならば、なぜ体が弱らないようにし、働けるようにすることを考えずに、年齢が高くなることだけを問題にするのか。明らかに理屈があっていない。

私は職業柄、そういうときにはいつも、問題を立てて考える習慣が体に染みついている。

人間、歳を取れば体にガタがくる。あらゆる機能が衰えてくる。若い人よりは病気にもなりやすくなる。それは避けることができない。しかし、その流れを遅らせることはできる。しかも、その方法が皆目見当がつかないのであればいざ知らず、運動という方法があることがはっきりとわかっているのである。

もちろん、運動は万能ではない。マスターズで競技を続けていても、寝たきりになった人、脳梗塞で日常生活もままならない状態になった人もいないわけではない。ただ、私の知るかぎり、マスターズの人たちの間では、そういう話は世間一般とは比べ物にならないほど少ない。

水泳と陸上を続けていた母も八一歳で癌で亡くなったが、その数ヵ月前までは毎日プールに通っていた。旅立つ日の一週間前までは自分で階段を上り、いわゆる寝たきりの状態にあったのはわずか数日だった。八〇年の人生をほぼ丸々、思い通りに体を動かして過ごすことができたことは、とても幸せなことであると思える。

父も足を悪くしていたが、家の中で動くときは極力他人の力を借りないよう心がけていて、最後まで寝たきりということばを知らずに逝った。

かなり特殊、であるかもしれない。

しかし、それまでしてきたことに特別なことは何もない。

少しばかり他人よりもたくさん、体を動かしてきただけである。

ただ、運動すればいいと言ったって、だれにでも簡単にできることではない。現に、長年競歩を続けてきた私でさえ、走ろうとすると、大きな負担を膝や足首に感じる。だからこそ、運動しようとする人には、歩くことを勧めている。その一方で、自分が感じた負担を思うと、ある程度の年齢になってから運動を始めるのはどれほど大変なことであるか、想像もつかない。

経済的な事情や、社会的な制約などで運動などままならない人もいるだろう。

運動すればいいことはわかっていても、社会全体が変わらなければ、だれもが思うように運動できるような環境にはならない。

ともすれば、マスターズで競技を続ける人たちは特権的な人たちに映るかもしれない。それはいけない。そうではなくて、マスターズの人たちは貴重なモデルなのだ。

今、私の手元に〝Humanitude〟というフランス語の本がある。しかるべき方法を採れば、だれもが少なくとも死の一〇日前までは寝たきりにならなくてすむ。死の瞬間まで人間は尊厳を失わずに生きることができる。この本には、そう、はっきりと書かれている。

多くの人が長生きできる社会が、好ましくない社会であるはずがない。長生きすることから生じる不都合ばかりを挙げて、高齢化社会を忌み嫌うのは、とんでもない勘違いである。問題を立て、ひとつひとつトリックを解いていけば、必ずや未来が見えてくるはずである。

都道府県マスターズ事務局一覧（2011年5月現在）

※名前は理事長、（　）内は事務局長

No.1　北海道　小谷 美秋
〒076-0056　富良野市瑞穂町1-38（小谷方）　TEL0167-23-1954

No.2　青森　舘岡 唯興志
〒038-3802　南津軽郡藤崎町字村元2　TEL0172-75-2068

No.3　岩手　八重樫 輝男
〒024-0024　北上市中野区2-6-3（八重樫方）　TEL0197-65-0532

No.4　宮城　内藤 勝重
〒984-0838　仙台市若林区上飯田3丁目32-3（内藤方）　TEL022-289-6971

No.5　秋田　袴田 勝治
〒016-0897　能代市昭南町6-7　TEL0185-55-1377

No.6　山形　岡田 剛
〒990-2321　山形市桜田西2-8-31　TEL023-641-3685

No.7　福島　伊藤 堯信（鈴木 良子）
〒963-8815　郡山市水門町239（伊藤方）　TEL024-944-3916

No.8　茨城　鈴木 敏力
〒315-0044　石岡市北根本481-3　TEL029-923-2451

No.9　栃木　五江渕 裕
〒320-0848　宇都宮市幸町12-19　TEL028-637-1659

No.10　群馬　大谷 勝義
〒376-0056　桐生市宮本町2丁目7-41　TEL027-722-9237

No.11　埼玉　鈴木 信彦
〒346-0005　久喜市本町6-10-11　TEL048-022-0017

No.12　千葉　宮川 雅
〒274-0814　船橋市新高根3-4-2　TEL047-465-9311

No.13　東京　松田 寛次
〒192-0083　八王子市旭町11-8 アクセスビル909　TEL0426-56-7575

No.14　神奈川　中嶋 誠次
〒252-0226　相模原市中央区陽光台3-3-16　TEL042-758-8995

No.15　山梨　石川 正男
〒400-0123　甲斐市島上条1717-4　TEL055-277-2396

No.16　新潟　今井 守雄
〒940-0851　長岡市若草町3-5-15　TEL0258-32-5213

No.17　富山　大懸 誠愉
〒931-8436　富山市宮園町101-14　TEL076-451-0394

No.18　石川　石田 秀雄
〒925-0054　羽咋市千里浜町リ103-3　TEL0767-22-2544

No.19　福井　荻原 仁
〒910-3621　福井市小羽3-17　TEL0776-98-5370

No.20　長野　白鳥 隆夫（山岡 清孝）
〒394-0044　岡谷市湊2-2-11（山岡方）　TEL0266-24-2120

No.21　静岡　高橋 正
〒438-0088　磐田市富士見台4-9　TEL0538-34-9231

No.22　愛知　佐野 昭二（四戸 光男）
〒470-0326　豊田市手呂町樋田323-11（四戸方）　TEL0565-89-2523

No.23　岐阜　杉山 美生（安田 茂樹）
〒501-6002　羽島郡岐南町三宅8-67（安田方）　TEL058-247-5058

No.24　三重　徳地 和子
〒518-0729　名張市南町635　TEL0595-63-0688

都道府県マスターズ事務局一覧（2011年5月現在）

※名前は理事長、（ ）内は事務局長

No.25　滋賀　高橋 清尊
〒528-0049　甲賀市水口町貴生川610-18（木村方）　TEL0748-62-2291

No.26　京都　飛田 政司（岩波 健二）
〒617-0001　向日市物集女町北ノ口55-38（岩波方）　TEL075-935-0353

No.27　大阪　大橋 一男（山中 保博）
〒546-0024　大阪市東住吉区公園南矢田2-4-27（山中方）　TEL06-6697-3737

No.28　兵庫　小阪 英一
〒651-2214　神戸市西区富士見が丘3丁目3-6　TEL078-995-1443

No.29　奈良　熊谷 遵徳（岡本 貢）
〒632-0122　天理市福住町10551（岡本方）　TEL0743-69-2920

No.30　和歌山　鴻池 清司
〒640-8355　和歌山市北ノ新地1-25 富士火災ビル2F　TEL073-432-1041

No.31　鳥取　岩垣 成紀
〒680-0001 鳥取市浜坂2-7-11　TEL0857-27-0051

No.32　島根　吾郷 昭夫
〒699-0903　出雲市多伎町小田39-8　TEL0853-86-2152

No.33　岡山　皆木 しげる（黒田 一彦）
〒700-0945　岡山市南区新保393-6（皆木方）　TEL086-224-1122

No.34　広島　大小田 靖男（岩本 邦史）
〒731-0137　広島市安佐南区山本5丁目32-9（岩本方）　TEL082-874-4522

No.35　山口　齋藤 忠彦
〒758-0025　萩市土原1区184　TEL0838-22-3875

No.36　徳島　中村 勇
〒779-1103　阿南市羽ノ浦町春日野1-561　TEL0884-44-5562

No.37　香川　　宮本 章樹（池田 善則）
〒760-0017　高松市番町2-14-8（池田方）　TEL087-821-7372

No.38　愛媛　　田上 絹代
〒790-0967　松山市拓川町1-19（正岡方）　TEL089-932-7509

No.39　高知　　公家 靖孝
〒781-5232　香南市野市町西野2086　TEL0887-56-0128

No.40　福岡　　中村 忠紀
〒820-0306　嘉麻市上西郷572-4　TEL0948-57-1321

No.41　佐賀　　山田清美（中島 正博）
〒849-1101　杵島郡白石町今泉2152-4（山田方）　TEL0952-84-3325

No.42　長崎　　貝原 幸三
〒854-0515　雲仙市小浜町北野1985-1　TEL0957-74-3203

No.43　熊本　　徳永 隆裕（佐藤 裕次）
〒869-0532　宇城市松橋町久具358-51（佐藤方）　TEL090-9579-9291

No.44　大分　　吉田 重俊（栗林 寿美子）
〒870-0083　大分市永興7組の3（栗林方）　TEL097-544-7654

No.45　宮崎　　乙守 信
〒880-0944　宮崎市江南4-22-1　TEL0985-51-0035

No.46　鹿児島　　松下 香一郎
〒895-0212　薩摩川内市陽成町2669　TEL0996-30-0123

No.47　沖縄　　勢理客 友子（久高 政和）
〒900-0001　那覇市港町2-17-13（3F）（社）沖縄県倉庫協会内
TEL098-861-5451

人も歩けば若くなる

2011年9月15日発行　初版第一刷発行

著　者　辻谷真一郎

発行所　トライアリスト東京
〒111-0042 東京都台東区寿4-4-8 奥原ビル2F

発売所　株式会社　舵社
〒105-0013 東京都港区浜松町1-2-17
TEL.03-3434-4531　FAX.03-3434-2640

編　集　四方幹子

印刷所　株式会社シナノ　パブリッシングプレス

○定価はカバーに表記してあります。
○不許可無断複写複製

ISBN978-4-8072-6403-2

日本で唯一日本語を学べる 翻訳講座

「トライアリスト」

http://honyukai.main.jp